古事記　日本書紀に出てくる謎の

読本』編集部 編

新人物文庫

はじめに ――神さまも生き残りに必死だった⁉

一般に「八百万」と称されるほど、日本には多くの神がいます。日本の国土を生んだイザナキとイザナミ、世界を明るく照らすアマテラス、ヤマタノオロチ退治で知られるスサノヲなどなど、皆さまもいくつか神の名前を思い浮かべることができるのではないでしょうか。

これらメジャー級の知名度を誇る神がいる一方で、物語にほとんど登場しないマイナーな神も存在します。その神々のなかにはツクヨミに殺されたウケモチや捨て子となったのちに福の神へと変貌したヒルコのように、非業の死を遂げたり、いつの間にか姿を変えたり、果ては物語から消えてしまった神もいます。神さまと聞くと、ギリシャ神話の神々のように優雅で苦労や死とは無縁の存在というイメージがあるかもしれませんが、実際にはおよそ神らしくない運命をたどったものもいたのです。こんな言い方をすると神さまに怒られるかもしれませんが、安穏が保証されていないからこそ、日本の神さまはより私たちの身近に感じることができるのかもしれません。

本書は、メインキャラクターになれなかった神の由来、その変転、現在の姿にスポットライトを当てています。その過程で見えたのは、必死に生き残ろうとする神々の姿、そして神を死なせまいとする人々の篤い信仰心でした。

数は少なくとも、これらの神々を祀る神社が存在し、現代に受け継がれています。「なぜ、この神は死なねばならなかったのか？」「なぜ、この神は姿を変えなければならなかったのか？」——多くの謎とともに今を生きる神々の真の姿に迫ることも神話の楽しみ方のひとつとお考えいただければ、これに優る喜びはありません。

『歴史読本』編集部

古事記 日本書紀に出てくる謎の神々◆目 次

第三章

異端の神々の正体

第一章

日本の神々の世界

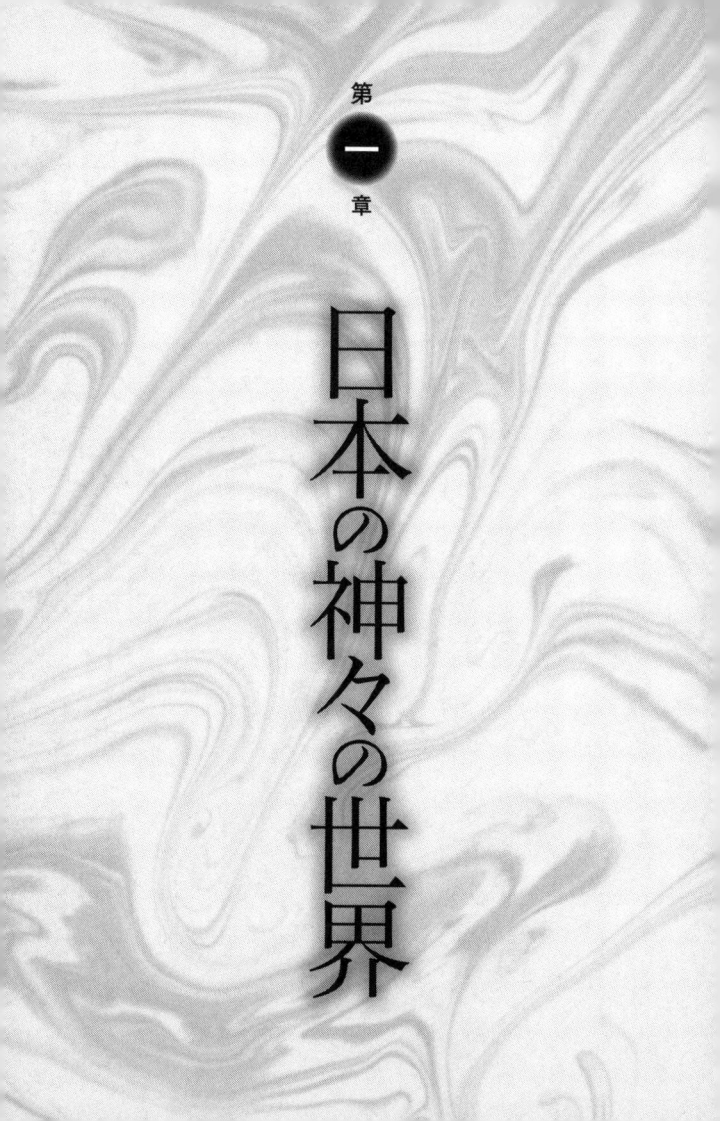

消失・変貌・再生する神々

斎藤英喜

記紀に一度だけ登場して消えてしまう多くの神々――。けっしてメインキャラクターではないが、彼らの足跡を追うと、いまにつながる違った「神話」の世界が見えてくる。

もうひとつの神たちの世界

『古事記』『日本書紀』にはイザナキ・イザナミ、アマテラスやスサノヲ、オホクニヌシといった誰もが知っている神々とともに、一回だけ登場して、あとは姿をくらましてしまう「マイナー」な神たちも少なくない。

たとえば「不具の子」として流し棄てられたヒルコ。イザナキの黄泉国《よみのくに》脱出を助けた桃の実の神オホカムヅミ。または黄泉国でイザナキに何事かを告げたククリヒメ。あるいはオホクニヌシの国作りをバックアップしたスクナビコナ、その素性を教えてくれた案山子《かかし》の神クエビコ。またタニグクという蟇蛙《がまがえる》の神。さらに本来は日神と対でありながら、一切活躍しない月神ツクヨミ、あるいは天地創成の始元に顕現し、そのまま身を隠すアメノミナカヌシ……。

これら一度だけ登場して姿を消してしまう神たちは、『記』『紀』のメインストーリーにとって「傍流」の存在なのかもしれない。けれども、彼らの深層には、天皇王権の神話とは違う、もうひとつの神話世界が広がっていることもたしかだろう。

さらに『記』『紀』からは掻き消すように姿をくらます神たちは、その後、時代を隔てて、思いがけない姿に変貌して、再生してくるものも少なくない。

近年、注目されている中世日本紀、中世神話で活躍する「異貌」の神々たちである。たとえば福の神エビス神として再生するヒルコ。あるいは伊勢神宮の外宮祭神へと変貌するアメノミナカヌシ。また地獄の神、あるいは白山《はくさん》権現《ごんげん》となるククリヒメ。さらに近世末期では、案山子の神クエビコはシャーマニックな行法の主神となる……。

このように消失・変貌・再生していく神々の世界を知ったとき、『記』『紀』のメインキャラクターによる「日本神話」とは違う、もうひとつの神々の神話があることに気づくだろう。消失・変貌・再生する神たちの世界へ――。まずは『記』『紀』から消失する神たちの行方を追ってみよう。

クエビコ・タニグク――出雲神話とシャーマニズム

けっこう『古事記』を読み込んだという読者も、「久延毘古《くえびこ》」のことを知っている人はそういないだろう。出雲のオホクニヌシが「国作り」の仕上げをするときに、海の彼方＝常世《とこよ》から来訪神したスクナビコナの名前を教えてくれたのがクエビコだ。「今に山田の曾富騰《そほど》といふ」、つまり案山子のことだ。一本足の案山子は歩行できないが、世界のすべてを知り尽くしている。だからスクナビコナの素性も認知していたというのである。このクエビコを「知恵の神」として崇めたのが、近世末の国学者・平田篤胤《ひらたあつたね》（一七七六〜一八四三）。彼はついに「久延彦祭式」という密教や道教の煉丹法《れんたんほう》などをミックスさせた、独特な異界との交信術も編み出している（『密法修事部類稿』）。

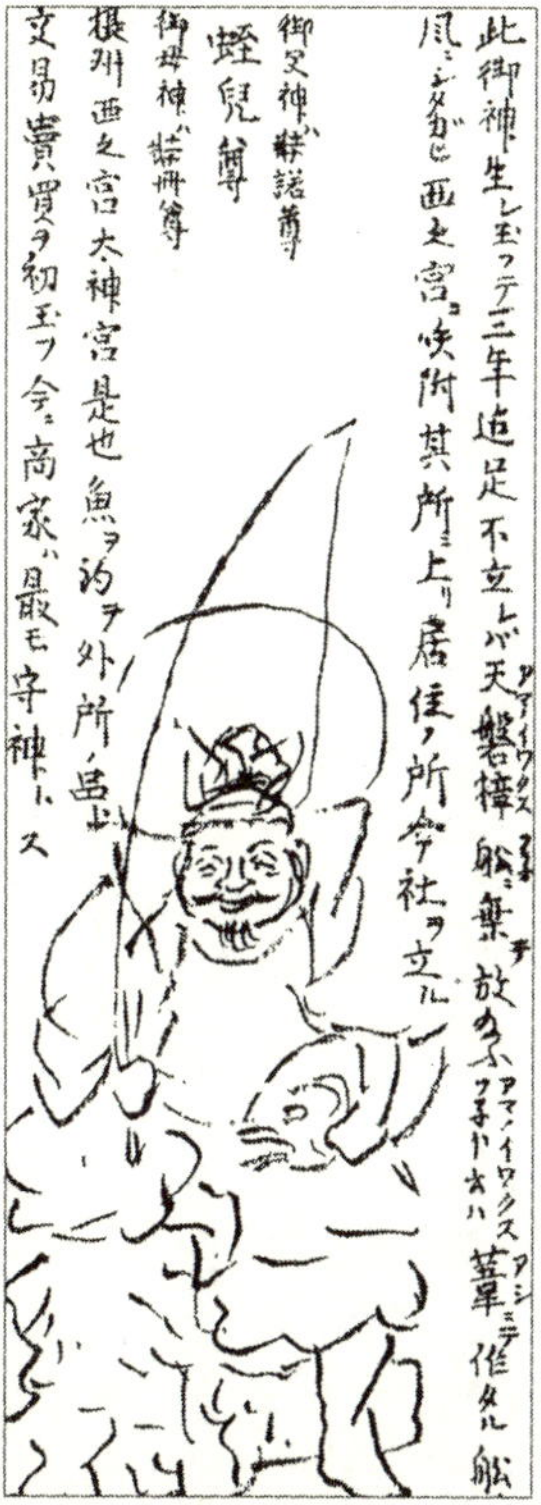

ヒルコノカミ（エビス）

このように篤胤が重視したクエビコだが、『古事記』には、この場面に一度登場しただけで姿を消す。だが出雲神話を読み直してみると、クエビコのように一度しか登場しないけれど、とても個性的な神たちが活躍していることに気づくだろう。

クエビコを紹介した蟇蛙の神タニグクや少年オホナムヂを守護する因幡《いなば》の白ウサギ、また赤貝の女神キサガヒヒメと蛤の女神ウムガヒヒメ。さらに根《ね》之堅州国《のかたすくに》に棲む火避けのマジナイを教えてくれたネズミなど…。彼らはみな「動物」の神たちである。出雲を舞台とした神話は、動物たちが自由に言葉を喋り、いろいろと活躍する世界であったのだ。

そこには人間と動物・植物とが共生するアニミズムや、動物とコンタクトをとり、動物の知恵を手にいれるシャーマンの世界を垣間見ることができよう。

ちなみにアマテラスが活動する高天原《たかまがはら》の神話では、動物たちは言葉を喋らない（斎藤英喜『古事記　成長する神々』ビイング・ネット・プレス）。

久延彦神社（奈良県桜井市）

『古事記』の表舞台から消失する神たち。彼らは「出雲」のクエビコのように、ヤマト王権からは「周辺」として排除された神々の世界の住人かもしれない。だが、彼らの発する言葉は古層の神話世界からの、重要なメッセージを告げてくれるのである。

なお、現在クエビコを「知恵の神様」として祭る神社が、奈良の三輪山の麓にある。三輪山の神であるオホモノヌシはオホクニヌシの「分霊」であったことも、なにやら意味ありげだ。

桃太郎のルーツと消えた道教系の神

子どものとき、桃太郎がいるならば、鬼退治するリンゴ太郎やスイカ太郎もいるだろうと思っていたが、どうやら日本の昔話では鬼退治の少年英雄は「桃太郎」と相場は決まっているようだ。なぜか。その謎を解いてくれるのが、『古事記』のオホカムヅミだ。

イザナミの死体を見た恐怖のあまり、黄泉国から脱出するイザナキは、地上への出口＝黄泉比良坂《よもつひらさか》に植わっていた桃の実を三つ投げると、追いかけてきた黄泉国の鬼どもはことごとく逃げ帰った。そこでイザナキは桃の実に「これからも葦原中国《あしはらのなかつくに》の人びとが苦しんでいたら救うように」と告げ、「意富加牟豆美《おほかむづみ》」という名前を授けた。この桃の実の神オホカムヅミこそが鬼退治の桃太郎のルーツだったのだ。

では、なぜ桃の実は鬼を撃退できるのか。

その背後にあるのが「桃」をめぐる道教思想であった。いち早く高木敏雄

追儺の儀式（平安神宮／京都市左京区）

や津田左右吉《つだそうきち》ら近代の神話学、歴史学者たちが見抜いていたことだが、「桃」とは中国伝来の果実で、邪気を祓う霊物であると同時に不老長寿の仙薬でもあった。人間を衰弱させ、命を奪う悪い邪気を具体化したものが「鬼」ということになる。

『日本書紀』一書〔第九〕には「桃を用ちて鬼を避《やら》ふ縁《えに》なり」と、イザナキ神話を「鬼やらひ」の由来と結びつけている(斎藤英喜『陰陽道の神々』思文閣出版)。

なお、奈良時代から宮中では、十二月晦日に「大儺儀《だいなぎ》」（のちには「追儺《ついな》」と呼ばれる）という鬼やらいの儀礼が行われていた。桃の枝で作った弓や杖で鬼を追い払うのである。その儀礼には陰陽師が鬼やらいの祭文《さいもん》を読んでいる。ちなみに平安時代の「大儺儀」の様子は、現在、京都の平安神宮で節分のときに再現されている。

また最近、邪馬台国の候補地とされる纒向《まきむく》遺跡《いせき》の一角に多数の桃の種が発見されたことは、「鬼道」に使えた卑弥呼のイメージとも繋がって興味深い。もっとも邪馬台国＝大和かは不明だが。

ところで桃の実の神オホカンヅミは、このエピソードに登場するだけだが、『古事記』の神話世界に道教思想の影響が見てとれる貴重な例だろう。近年の研究では、『古事記』の冒頭、「天地初発」の始元に高天原に成りましたアメノミナカヌシもまた、道教系の「元始天王《げんしてんのう》」「元始天尊」、あるいは「太《たい》一《いつ》」「上帝《じょうてい》」など宇宙神の影響下に作り出された神とされている。高天原に「独神《ひとりがみ》」として顕現しつつ、そのまま身を隠すという記述には、高度な道教の教義が反映しているのかもしれない。なお、アメノミナカヌシは、中世の伊勢神道において外宮祭神のトヨウケと同体化し、また『日本書紀』の始元神クニノトコタチとも習合する。アメノミナカヌシは、中世の神学者たちにとって魅力ある神だったのだ。

ヒルコのその後――中世神話と民俗信仰

日本神話で好きな神サマは？　という質問に「ヒルコ」と答える学生は少なくない。イザナキ・イザナミの最初の結婚で、女神イザナミが先に「あなにやし、えをとこを」と発したために、「女人《をみな》の言先《ことさきだ》ちしは良くあらず」と生まれたヒルコは葦船に入れて流し棄ててしまう（記）。また三歳になっても足が立たなかったのでクスノキの船に乗せて、風のままに放逐したとある（紀）。親に捨てられる哀れな神の姿には、学生たちの心にひっかかるものがあるのだろう。

神話学的には、ヒルコは「ヒルメ」(太陽の女神)とペアになった、もうひとつの太陽神という議論もあるが、なんといっても興味深いのは、『記』『紀』から消失したヒルコの「その後」の変貌である。

南北朝の動乱を描く、有名な軍記物『太平記《たいへいき》』のなかに、その後のヒルコが出てくる。「日本紀の家」と呼ばれる『日本書紀』研究の一族である卜部《うらべ》氏の兼員《かねかず》が語った「日本紀」のなかで「蛭子《ひるこ》と申すは、今の西宮の大明神にて坐す」とあった。葦船に乗って漂流したヒルコは、西宮神社に流れ着き、神として祭られたということだ。親に捨てられた哀れなヒルコは、エビス神として再生したのである。

また別の中世テキストでは、ヒルコは龍宮に流れ着き、龍神に育てられたという話もある。アマテラスと再会したヒルコ(『日本書紀』ではアマテラスとヒルコは姉弟として生まれる)は、親に捨てられ、龍神に育てられたおまえは「下生《げしょう》」の神と蔑まれるくだりもある(『古今和歌集序聞書三流抄』)。

なぜ龍宮、龍神に育てられたヒルコは軽蔑されるのか。それは中世の仏教教義にもとづく。

『法華経』などによれば、「龍宮」とは煩悩にまみれた下等な龍畜・龍属が棲む世界であった。「浦島太郎」の昔話では龍宮城は欲望を満たしてくれる理想世界であるが、仏教から見れば、果てしない欲望にまみれて苦しむ世界ということになる。

その苦の象徴が龍属であり、サーガラ龍王の娘＝龍女《りゅうにょ》であった。けれども仏教は「龍宮」という無明《むみょう》・煩悩の本源は、「悟り」の世界へと導くものであると逆転させていくのである。それゆえ、中世神話のなかのヒルコは、下等な龍宮で育てられながら、海の世界を支配する西宮のエビス神へと転生することになるわけだ。

ヒルコからエビス神へと再生する神話は、民俗信仰の世界にも広まっている。民俗信仰では、浜辺に打ち寄せられた特別な形の石、クジラ、イルカなどを「エビス」と呼ぶ、また漁の最中に漂流する水死体を発見すると、それを「エビス」として丁寧に祭る習俗があった。葦船で流されたヒルコはまさに「水死体」ということだ。水死体という穢れのパワーを「福神」へと逆転させるメカニズム、である。

いくつもの「日本神話」へ

『記』『紀』のなかで、消失・変貌・再生する神々は、まだまだたくさんいる。たとえば『日本書紀』一書〔第十〕で、黄泉国のイザナキの心を鎮める「何か」を告げた「菊理媛神《くくりひめ》」。彼女は中世の『日本書紀』注釈学のなかで、地獄の神、白山《はくさん》権現として再生し、葬儀のときに清めの神として勧請《かんじょう》される。あるいはイザナミの嘔吐から誕生する「金山毘古《かなやまびこ》・金山毘売《かなやまびめ》」。鉱山、冶金の神とされる鉄の神たちは、中世では「金屋子神《かなやこじん》」と名前を変えて、タタラ師や鍛冶師たちの守護神となっていく。さらに祈禱師、行者たちに使役される「呪詛返し」の呪法神へと変貌していく。彼らは、四国や東北、あるいは八丈島、青ヶ島という島々にもその痕跡を残していた（斎藤英喜『いざな

ぎ流　祭文と儀礼』法蔵館)。

　また天孫降臨の先導役を務めた「猿田毘古《さるたひこ》」は、中世において伊勢神宮創建の秘密に関わる神となる(『倭姫命世記』)……。

『記』『紀』神話のなかで一度だけ登場し、姿を消してしまう神々。彼らの多くは『記』『紀』という王権神話の「古層」からのメッセンジャーでありつつ、中世という時代に変貌、再生をとげていくことで、この列島社会の各地に生き続けていった。そう、彼らの姿をキャッチしたとき、『記』『紀』だけではない、いくつもの「日本神話」の世界を知ることができるのである。

記紀には何柱の神が登場するのか？

一般に「八百万」と称される日本の神々。
その数に注目するとき、我々の前に現れる拮抗する二つの力とは

坂本　勝

豊穣たる神々の世界

『古事記』『日本書紀』にはいったいどれくらいの神々が存在するのか。この問いにもっとも正確に答えるなら、『古事記』には八百万《やほよろづ》の神、『日本書

紀』には八十万《やそよろづ》の神々がいる、ということになる。ただし、この数は、個別の数を積み重ねていってちょうど八百万に、あるいは八十万になる、というものでないのはもちろんで、よく言われるように、八百万も八十万も、ともに多数を意味する古代語である。和語としての八百万は、「や」も「ほ」も「よろづ」も、それぞれ個別には、八、百、万という具体的な数を表す他に、それら個別の数の総和を越えて、数え切れないほどの多数の意として、生成増殖する力の現れを伴って使われる。ただなぜか、「八百万」は『古事記』や『万葉集』、祝詞などに用いられているが『日本書紀』にはなく、それに対応する箇所を、日本書紀は「八十万」と書いている。書紀の編者が、神々の総数を八百万の十分の一程度と見なしたわけではないだろうが、結果的に、『古事記』よりも『日本書紀』の方が、名のある神々の総数において少ないという事実と符合している。『古事記』も、大国主《おほくにぬし》には兄弟神が「八《や》十神《そがみ》」いたとしており、「八十」は神話世界全体の八百万より小さく限定するイメージが強い。『万葉集』には「五百万千万神《いほよろづちよろづがみ》の神代より」（三二二七番）ともある。記紀神話の物語が、そうした名もなき神々の棲息《せいそく》する古代世界を背景に展開することを、まずは心に銘ずる必要がある。

名のある神の総数

そうした名もなき有象無象の神々の中から、より強い存在感をもって人々の意識にのぼった神々に名が与えられる。無意識の世界から意識の世界に、具体的な輪郭をもって神が出現する。その名のある神の総数はどれほどなのか。いまかりに、『古事記』のすべての神名に解釈と解説を施すことを旨として作成された日本古典集成『古事記』（西宮一民、新潮社）の「神名釈義」によると、三二一の項目（上巻所出三〇三、中下巻所出一八項目）を立項している。そのうち三神を重出して挙げているので、それを減じた三一九神が『古事記』における名前の異なる神の総数ということになる。また『古事記事典』（尾畑喜一郎編、桜楓社）の語句解説中の「神名」の項には、総計四

宮崎県と鹿児島県にまたがる高千穂の峰

五〇項目を見出しとして掲出する。ただしこの数は、たとえば地の文では「八千矛神」、歌謡の中では「夜知富許能迦微」と、同一神でも表記が異なる場合はすべて丁寧に見出し項目としてあげており、それらを私意によって整理すると、重出神名が九五項目、それを減じた三五五神が実質的な名前の異なる神の総数ということになる。古典集成が三一九神、事典が三五五神、この違いは、たとえば国生み神話の島の名前を、「次に小豆島《あづきしま》を生みき。亦《また》の名は大野手比売《おほのてひめ》と謂《い》ふ」(記)とある場合、事典の方はその両方の名を項目として挙げるのに対して、古典集成は後者だけを立項する、あるいは「八《や》俣大蛇《またのをろち》」「海幸彦」「山幸彦」「荒ぶる神」など、見方によっては普通名詞のようにもとれるものを事典は神名としてあげるが、古典集成はそれらを項目に立てていないといった相違による。「荒ぶる神」が神名かという議論もあるだろうが、こう名指された神々が古事記の物語世界に生気を与えて強くその存在を主張していることは間違いないから、事典の判断にも当然の理はある。事典はほかに「ワニ」「兎」なども神名に入れている。ワニ一般が神とされたのか、それともホヲリノ命をたった一日で地上に送り届けた「一尋《ひとひろ》ワニ」、『古事記』が「今に佐比持《さひもち》の神といふ」と注記したその「ワニ」限定で神と捉えたのか、ことは「神とは何か」といった本質論に及ぶ側面を持つ。ただ、今はその点は置いて、『日本書紀』における名のある神の総数についても概略を述べておく。

これも一応の目安として『六国史索引一　日本書紀』(吉川弘文館)の「神名・社寺陵墓名」索引によると、社寺陵墓名を除き三五七項目が神名として検出できる。そのうち、同索引が同一の項目にまとめている神名四一項目(重複して立項しているもの)を除くと、三一六項目(神代紀所出二七三、神武紀以降に所出するもの四三項目)が名前の異なる神名ということになる。

亦の名、別名の問題

上記をひとつの目安とすれば、判断の仕方でかなりの増減はあるものの、記紀に名のある神々の数は、ひとまず三五〇神程度となる。しかしそこにまた新たな問題が生ずる。この数の中には、「亦の名」として出る神名が多く含まれているからである。たとえば『古事記』の神生み神話で「次に野の神、名は鹿屋野比売《かやのひめ》の神を生みき。亦の名は野椎《のづち》の神といふ」とあり、この「亦の名」をどう考えるか。最近の研究では、『古事記』の「亦の名」は、本来別の資料や伝承にあった神を一つの神に統合するときのテキスト編纂上の術語で、たんなる異名ではないと考えられている。だとすれば、統合されたカヤノヒメとノヅチは、『古事記』においては一神と数えるべきだろう。『古事記』にはそのような「亦の名」として登録された神名が三六例あり、上記の総数からこの三六を減じた数が、書かれたテキストとしての『古事記』に登場する神の総数だということにもなる。

『日本書紀』にも類似の問題があるが、その様相は『古事記』とはまた異質で複雑なありようを呈している。『日本書紀』の場合、神代紀上下を十一章段に分けて正伝（本文）を記し、各章段に「一書」として異伝を記載するという形式をとる。亦の名、別名の問題はこの神代紀に集中する。日本古典文学大系『日本書紀』により、神代紀所出の約二七〇神について正伝と「一書」の神名のおよその出現状況をみると、正伝所出の神名九五、そのうちおもに「亦は」の形で挙げられた神名が二四。ただしその掲出形式は、「亦は」以下が正伝の文と同じ大きさで記される場合、小字二行割注で記される場合、正伝内部に「一書云」として記される場合など多様である。正伝にたいし、異伝としての「一書」だけにでる神名は一七〇、そのうちおもに「亦は」「一云」としてでる神名が三二。正伝と異伝（一書）約二七〇神名のうち、六〇近くはいわゆる別名ということになる。この数が古事記の三六神を大きく越えているのは、日本書紀では、たとえば本文にウヒジニ・スヒジニを挙げ、直後に「亦曰く」としてウヒジネ・スヒジネを挙げるという、常識的には同一神名の伝承過程における呼称の変動と思われるような「亦」の名をかなり丹念に挙げていることによる。この伝承による変化現象については、口承による変化、文字化による変化など、さまざまな場合があると指摘されている。

一つの神名が伝承によって多少の音形が変化したにすぎないのなら、ウヒジニとウヒジネはもとは一神だということになる。そのように考えて問題ないという例もたしかに多いだろう。しかしたとえば第五段第六ノ一書で、イザナキが「我が生める国、唯朝霧《ただあさぎり》のみ有りて、薫《かを》り満《み》てるかな」と言って吹き払った息が神となった、名をシナトベノ命という、亦はシナツヒコノ命という、これは風の神だ、と記している例などは、単純に同一神の呼称変化とは言いにくい。シナトとシナツは音韻変化としても、べとヒコの違いは、前者がメとおなじく女性を、ヒコは男性を意味しており、意味の違いがはっきりしている。吹き抜ける風に女の性を感じてシナトべと名付けた感性と、男の性を感じてシナツヒコと名付けた感性は、やはり異質なものとみるべきであろう。風に神を感じて名を与えた心の経験という点からは、シナトべとシナツヒコの名の誕生には、すくなくとも風の神との二回の出会いの経験があったと考えなければならない。それをやや抽象化して、要するに一個の「風神」だ、というのが『日本書紀』（第六書）の態度なのであろう。こうした

『日本書紀』の記述態度は正伝においてより顕著で、国生みに続く第五段正伝（神生み条）では「次に海を生む。次に川を生む。次に山を生む」と個別の和語の神名を挙げず、それらをまとめて「吾已《すで》に大八洲国《おほやしまぐに》及び山川草木を生めり」として即座に日神オホヒルメの誕生を記す。個別神名が記されるのは、木の祖ククノチと草の祖カヤノヒメだけで、それはたぶん「海、川、山」を「山川」に含め、「草木」に該当する部分をククノチ、カヤノヒメであてたということであろう。『日本書紀』が「一書」を設けなかったら、海神ワタツミ山神ヤマツミ（ともに第五段では「一書」にのみ所出）の名は消える運命にあったのである。漢語の抽象力が個別の和語の神名列挙を押し流している気配である。国家による神話の管理統合という過程は、こうした神の統合消滅を伴って進められていったのである。

統合する国家の力、逸脱する物語の力

こうした管理統合による神々の消滅は、『古事記』においてもまた別の形で進んでいた。たとえば、『日本書紀』はクニノトコタチ・クニノサッチの亦の名としてクニノソコタチ・クニノサタチといった近似的な名称を多く挙げるが、『古事記』は前者の名のみを挙げる。これらは現在一般に、後者は前者の訛伝形とされている。伝承による音形の変化には意味の変化も原理的には伴う可能性があるから、単純に同一神といえるかどうか、先のシノトベ・シナツヒコの問題とも関わるが、いちおう通説により、『古事記』は本来の意味を伝える形に伝承を統一したと考えておこう。しかし皇祖神アマテラスをめぐる問題は、それとは異なる問題を帯びている。周知のことだが、『日本書紀』第五段正伝では、前記に続けてイザナキが「何ぞ天下の主者を生まざらむ」と言い「是《ここ》に共に日の神を生みまつります。大日孁貴《おほひるめむち》と号《まを》す」と述べ、その下に「一書に云く」として「天照大神《あまてらすおほかみ》」「天照大日孁尊《あまてらすおほひひるめみこと》」の

別名を挙げる。しかし『古事記』は、ヒルメの名をとらずにアマテラスに一本化している。ヒルメの語義は、日の妻、日の女、日の神に仕える巫女など、諸説あるが、女としての固有の性をもつ具体性を帯びた名であることは間違いない。アマテラスの名は、すくなくとも名においてその具体性をもたない。『日本書紀』も第六段以降は、ヒルメではなくアマテラスを正統としているから、時代の趨勢はヒルメ劣勢、アマテラス優勢の時代を迎えていたのであろう。『古事記』もその趨勢に従ったまでかもしれないが、結果として『古事記』は、アマテラスがかつてヒルメでもあった歴史を隠蔽したともいえる。そこには皇祖神としての純粋性、至高性を求める志向もあったかもしれない。しかしそれでは、アマテラスひとつに統合した『古事記』の物語が、ヒルメとしての女の具体性までも封じてしまったかといえば、そうではない。スサノヲと対峙する物語のアマテラスには、祭の場で荒ぶる神と向かい合う巫女の姿がはっきりと刻まれている。同時に、その巫女の姿から抽象的な皇祖神へと上昇しようとする変容の過程をも、物語は語ろうとしている。『古事記』

は国家神話として、さまざまな伝承の管理統合を行いながら、しかしその営みは、アマテラスとはどのような神なのか、どのような神でなければならないのか、という問いかけを、神と直接向かい合う未明の世界に降り立つなかで進められていったのである。そのとき、アマテラスへと統合されつつあった時代の趨勢は、あらためて物語の世界でその意味を問われることとなった。その結果、オホヒルメの名は消えたけれども、その内なる性は物語のアマテラスの中に再生して新たな神話世界を紡ぎだした。国家による神話の管理統合と物語の論理がせめぎ合う姿でもある。

第二章

古事記日本書紀謎の神々

根源の神でありながら消えてしまう身を隠す神の謎

アメノミナカヌシ

天之御中主神
天御中主尊

飯泉健司

『古事記』固有の世界観を象徴する始原の神。
〝はじまり〟の神から引き継がれた日本神話の舞台の幕開けに迫る

『古事記』独自の神

『古事記』の神話世界で、高天原《たかあまのはら》に最初に出現したのがアメノミナカヌシの神である。この神は、「独神」として身を隠し、その後『古事記』中に姿を現すことはない。

アメノミナカヌシは、『日本書紀』第一段では第四の一書（しかも「又曰く」）として登場するだけで、端役の印象をもつ。『日本書紀』では、天地が分かれる前、最初に出現した神を、国常立尊《くにのとこたちのみこと》（本書・一書一・一書四・一書五）、ウマシアシカビヒコヂの神（一書二・一書三）、天常立尊《あめのとこたちのみこと》（一書六）とする。『日本書紀』はアメノミナカヌシを最初の神としては捉えていなかった。だから「又曰く」としてあくまでも補足的に載せるにすぎない。

また延喜式にもアメノミナカヌシを祀る神社はなく、奉祭氏族も少ないことから[1]、日本古来の神ではなく、中国思想を基に、『古事記』が創作した神であると従来説かれてきた。すなわち中国道教最高神である元始天王《げんしてんおう》・元始天尊[2]、または天の中央にいる太一・天皇大帝（北極星）の観念[3]を基にして造られた神とされている。さらに元始天尊と太一とは中国においても関わりがあった[4]ともされる。ちなみに天皇大帝は日本の「天皇《すめらみこと》」号の成立に大きな影響を及ぼしたとされる[5]。中国思想を基に『古事記』が創作した神という点で、諸説は大凡一致している。広く分布する創造神（特にニュージーランドのマリオ族の神「イオ」）との類似点も指摘されるが[6]、「天の御中主」という神名自体、日本神話においては特殊な存在なのである。

そのことは換言すれば、『日本書紀』とは異なる、『古事記』独自の思想・世界観をもってこの神が冒頭に据えられたことを示している。『古事記』独自であるから、後世さまざまな解釈がなされてきた。『住吉大社神代記』は国常立尊と混同し、『古語拾遺』亮順本（元弘四年僧亮順筆写）は、三柱の男神（タカミムスヒ・ツハヤムスヒ・カミムスヒ）がいたといい、ムスヒ神と親子関係をもって説明する。また『先代旧事本紀』では「天常立尊」の亦《また》の名とする。これは、『日本書紀』一書（神代巻第一段一書六）と関連づけた解釈であろう。

いうまでもなく、神々の系譜には意味があり、神名の列挙だけでも物語世界、ストーリー性をもっている。そこで『古事記』が冒頭という重要な位置に、アメノミナカヌシを配置して、この神の系譜を語ろうとしたその内容について考えてみたい。

アメノミナカヌシを祀る秩父神社（埼玉県秩父市）

天のミナカ―天の中心

アメノミナカヌシの意義は、『古事記伝』が、「天真中に坐々して、世の中の宇斯《うし》たる神」とするように、天の真中に坐す支配神とされる。『古事記』では、独自の聖なる空間として「高天原」を設定するが、(7)その「高天原」＝「天」を統治する神である。「中」とは、「上」「下」等、二つの空間に挟まれた中間であり、中心のことである。「上つ瀬は瀬速」く、「下つ瀬は瀬弱」い状態なので「中つ瀬」で禊《みそ》ぎをして三貴神は成る（神代記）。「初土」「底つ土」ではなく「中つ土」が、「上つ枝」「下つ枝」ではなく「中つ枝」が選ばれる（応神記歌謡）のも、中心を聖なる存在と考える思想からきている。中心は「六合《くに》の中心《もなか》」であり、統治するのにふさわしい場所である（神武紀）。その点、天の中心である北極星を天帝とする中国の「太一」と同じ存在といえる。

ただし、ここで注目したいのは、空間的に捉えた天を相対化した上で、最も聖なる空間を見出した結果、生成した神である、ということである。アメノミナカヌシの後に生成する神々に、対の呼称を持つ神（タカミムスヒ・カミムスヒ、天の常立・国の常立）や、男女神（いわゆる「双神」）が多いのとは、様相を異にする。「中」には、「上」「下」を内包した世界があり、その中で最も聖なる場所というニュアンスを含み持つ。つまり、アメノミナカヌシとは、「天」の中に最も神聖な場所が存在し、その場所を統治する神がいることを暗に物語っている。『古事記』には、アメ—クニという対立概念があるとされる。(8) ならば天の中心を治める神＝アメノミナカ主と、国（多くの国）を治める神＝オホクニ主（大国主）とは、対照的な神名ということになる。クニに対する天、その中心を治める神がアメノミナカヌシである。天が存在すること、その中でも最も聖なる場所があり、そこを治める神が存在することを、神名自体が示していることになる。では「天」を統治する神を『古事記』が冒頭で設定する意義は奈辺にあるのか。

天譲り

高天原を統治するのは、『古事記』ではアメノミナカヌシ神と天照大御神《あまてらすおおみかみ》とに限られる。統治する神が二神いることになる。その点で、アメノミナカヌシが「身を隠す」ことによって天照大御神が「高天原」に君臨することができたという指摘は首肯できる。金井清一氏は「身を隠す」のは、幽界において存在することであり、「天照大神を頂点とする神々世界の確立」「天照大神の秩序の確立に冥助の役割を担う」ために「天照大神のまします世界から消去しておかねばならなかった(9)」とされた。身を隠して、天照大御神に天を譲るのが、アメノミナカヌシなのである。国譲りならぬ「天譲り」が行われている。「独神」として身を隠したという一文は、『古事記』編纂者の説明文であり、『古事記』編纂時の「今」から捉えたという指摘を参考にすれば(10)、まさに古事記編纂者が意図的にアメノミナカヌシを高天原から退去させているのである。『古事記』の世界観に基づく「天譲り」なのだ。

高天原遥拝所（宮崎県高千穂町）

ここで着目したいのが、先述のようにアメノミナカヌシという神がオホクニヌシと対照的な神名であったということである。対照的な二柱の神がともに領土を譲って隠れる、というように同じような役割を果たしている。アメノミナカヌシに天を譲られる天照大御神も、オホクニヌシに国を譲られるニニギも、ともに君臨する場所には先住者がおり、その先住者が退去することによって、初めて天や国に君臨することができたのである。つまり統治世界に先住者の存在が前提として設定されている。神野志隆光氏[11]は、記の隠れる神について、前掲金井説を踏まえつつ「顕現しない前提的存在」「前提であるゆえに根源的存在」とされた。前提となる世界を設定する点に、『古事記』独自の世界観を読み取ることができる。日本書紀が天地未分の渾沌世界を前提としているのとは、明らかに違う。古事記では「天地の初発の時」から「天」の統治者がいたことになる。

神々の発展史―始原から秩序

先住の統治者から譲り受けた領土を治める。しかも先住者は身を隠している。だが、先住者の世界と、譲られた後の世界とは異なるイメージをもって語られる。オホクニヌシが統治していた時代には草木が物言う状態であった葦原中国《あしはらのなかつくに》が、平定して国を譲った後には秩序世界へと変貌する。同様にアメノミナカヌシが統治する「高天原」のイメージも、天照大御神の統治世界に移行する過程で変貌していく。

第一に、アメノミナカヌシは身を隠す「独神」（性別を超えた抽象的な神）であったが、その後に生成する神は、妹背神（夫婦神—ウヒヂニ・妹スヒヂニ、ツノクヒ・妹イククヒ、オホトノベ・妹オホトノベ、オモダル・妹アヤカシコネ、イザナキ・イザナミ）へと変わる。ここからは、性別を超えた神の世界が、男女一対の神々の世界へと発展していることがわかる。そもそもカミとは本来肉体を持たない存在であったといわれている。肉体や性別を超えた神の世界から、人間と同じように性別や夫婦生活がある神々の世界へと変わっていることが系譜から読み取れる。抽象的な始源の神々世界が、人間的な神々世界へと発展しているのである。

第二は、夜のイメージから昼のイメージへと転換している点である。天照大御神は太陽神であるので、天の石屋戸《いはやと》に籠もると、サバへなす夜世界が広がる。それは天照大御神統治以前の世界、すなわちアメノミナカヌシ時代へと回帰したことを示すのであろう。アメノミナカヌシが北極星（太一）からヒントを得て作られた神であったのならば、夜の星世界から昼の太陽世界への転換と捉えることもできよう。この転換は、国譲りで、オホクニヌシが統治する草木が物言う国の状態が、ニニギが統治する秩序世界へと転換することと軌を一にしている。サバへなす状態は始原の世界である。始原世界から秩序世界への変貌である。夜は神々の時間、昼は人の時間（崇神紀）である。夜から昼への転換は、超越的な始原の神（独神）から、人間的な神（双神）への発展と重なる。要するに、先住者の始原世界から、譲られた新しい秩序世界への変貌・転換は、神々の発展史観によって支えられている。この点、『日本書紀』とは異なっている。『日本書紀』では、天地が渾沌の状態から分かれたというように、クニ・アメの発展史観によって貫かれている。

『古事記』独自の世界観、それは神々を発展史的に位置づけている点に窺える。神の発展によって世界の発展を表現しよう、と『古事記』では主張している。国や天がどのように形成されたか、という史観（『日本書紀』）を『古事記』は取らなかった。神がどのように発展したのか、という点に『古事記』は興味をもった。オホクニヌシを成長させる根の国訪問神話が『古事記』に

東京大神宮（東京都千代田区）

あり、『日本書紀』にないのも、同様の理由を想定することができる。
アメノミナカヌシを冒頭に据えるのは『古事記』の史観（始源神の世界から、人間的神の秩序世界への発展）に基づく。そして神の発展とともに始源神は身を隠すのであった。

アメノミナカヌシを祀る神社

現在アメノミナカヌシを祀る神社には、天一鍬田神社（三重県鈴鹿市）、天一神玉神社（兵庫県佐用郡佐用町）、秩父神社（埼玉県秩父市）、東京大神宮（東京都千代田区）、四柱神社（長野県松本市）などがある。

【註】
（1）アメノミナカヌシを始祖とするのは、服部連（十一世孫『新撰姓氏録』）・御手代首（十世孫『新撰姓氏録』）、中臣（遠祖・二十世孫『続日本紀』天応元年七月）、天日別命（十二世孫「伊勢国風土記」逸文）、子部宿祢（天御中尊の後『三代実録』貞観十六年十二月）程度で多くない。十世孫を経た祖神が多く、アメノミナカヌシ自体の系

譜もはっきりとしない。この点も記以前にこの神が存在しなかったことの一傍証となろう。なお現在「天御中主神社」は鹿児島県に二社あり、アメノミナカヌシを主祭神とする星神社・妙見社・北辰等は全国に存在するが、いずれも平安～鎌倉時代以降の創建とされる。

(2) 津田左右吉（『日本古典の研究　上』岩波書店、一九四八年八月）等。
(3) 上田正昭『神話の世界』（創元社、一九五六年八月）等。
(4) 広畑輔雄『記紀神話の研究』（風間書房、一九七七年十二月）等。
(5) 広畑輔雄前掲書及び寺田恵子「天之御中主神の神名をめぐって」（『古事記年報』25、一九八三年一月）等。
(6) 大林太良『日本神話の起源』（角川書店、一九六一年七月）。
(7) 中村啓信「高天原について」（『古事記の本性』おうふう、二〇〇〇年一月）。
(8) 神野志隆光『古事記の世界観』（吉川弘文館、一九八六年六月）。
(9) 金井清一「身を隠したまふ神」（『古典と現代』53、一九八五年九月）。
(10) 松本直樹「ムスヒ二神の『隠身』について」（『古事記神話論』新典社、二〇〇三年十月）。
(11) 神野志隆光・山口佳紀『古事記注解2』（笠間書院、一九九三年六月）。

異形の神は、なぜ福の神へと変貌したのか

ヒルコ

水蛭子
蛭児

久保田裕道

生まれてすぐ葦船に載せられ、流されてしまうヒルコの哀れさが、再生の神話を紡ぎ、福の神へと転生させていく。

ヒルコ誕生譚

イザナギとイザナミとの間に、最初にできた子どもがヒルコである。しかし記紀におけるその記述は、あまりにも少ない。『古事記』では、「然《さ》れどもくみどに興《おこ》して（寝所で性交を始めて）生める子は、水蛭子《ひるこ》。この子は葦船《あしぶね》に入れて流し去てき」（岩波文庫『古事記』）と、たったこれだけなのである。その「水蛭子」について倉野憲司の注では「ひるのような骨無しの子の意か」と説明している。

普通にこれを解釈するならば、先天性異常児が生まれてしまったということであり、それに対するイザナギ・イザナミの思いは「今吾が生める子良からず」なのである。ヒルコに続いて「淡島」が生まれるが、共に「子の例には入れざりき」と散々な扱いになっている。そしてその原因が天《あま》つ神によって判明する。天の御柱《みはしら》を回った際に、先にイザナミが「あなにやし、えをとこを（あれまあ、なんとよい男でしょう）」と言ってしまったからだというのである。もっとも天つ神の言葉を待つまでもなく、柱を回った直後にイザナギは「女が先に言うのはよくない」と既に分析をおこなっていた。

これだけ読む限りにおいては、『古事記』におけるこの箇所の主題は、柱を回る際に女が先に口をきいてはならぬというジェンダー的な問題であり、ヒルコはその因果応報として登場しているにすぎない。あるいは、古代において障害者が穢れとされ、それゆえ流されてしまったのだという差別観念から捉える向きもある。

一方、『日本書紀』になるとやや扱いが違う。イナナギ・イザナミは大地と山川草木《さんせんそうもく》を産んだ後に天下の主たる者を産もうということになり、始めにオオヒルメノムチが誕生する。オオヒルメとは天照大神《あまてらすおおみかみ》、つまりは太陽神のことである。続いて月の神（ツクヨミ）が生まれ、三番目は『古事記』であればスサノオということになるのだが、その前に「蛭児《ひるこ》」が生まれているのである。このヒルコは、三歳になるまで足が立たず、それゆえアメノイワクス船に載せて流してしまったという。『古事記』とは若干異なるニュアンスながら、哀れな末路は共通している。ただ、ヒルコがヒルメに続く形で登場していることには、何らかの関係性を勘繰りたくなってしまうのである。

ヒルメの「ル」が助詞の「の」にあたる言葉だと考えれば、ヒルメとは「日の女」もしくは「日の妻」ということになる。だとすれば、ヒルコもま

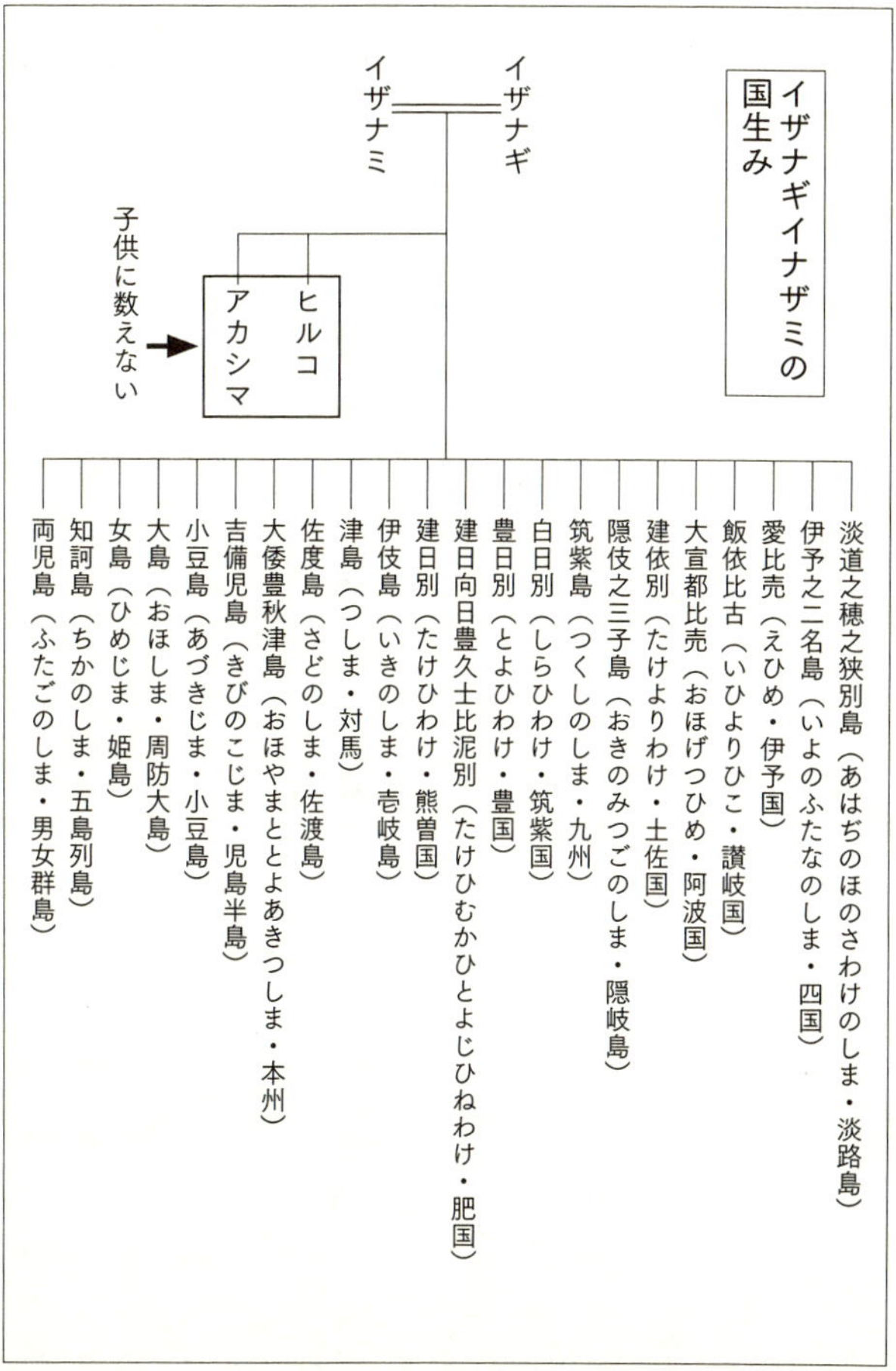
イザナギイナザミの国生み
イザナギ
イザナミ
ヒルコ
アカシマ
子供に数えない
淡道之穂之狭別島（あはぢのほのさわけのしま・淡路島）
伊予之二名島（いよのふたなのしま・四国）
愛比売（えひめ・伊予国）
飯依比古（いひよりひこ・讃岐国）
大宣都比売（おほげつひめ・阿波国）
建依別（たけよりわけ・土佐国）
隠伎之三子島（おきのみつごのしま・隠岐島）
筑紫島（つくしのしま・九州）
白日別（しらひわけ・筑紫国）
豊日別（とよひわけ・豊国）
建日向日豊久士比泥別（たけひむかひとよじひねわけ・肥国）
建日別（たけひわけ・熊曽国）
伊伎島（いきのしま・壱岐島）
津島（つしま・対馬）
佐度島（さどのしま・佐渡島）
大倭豊秋津島（おほやまととよあきつしま・本州）
吉備児島（きびのこじま・児島半島）
小豆島（あづきじま・小豆島）
大島（おほしま・周防大島）
女島（ひめじま・姫島）
知訶島（ちかのしま・五島列島）
両児島（ふたごのしま・男女群島）

た「日の子」ということになり、つまりは太陽神に関係した存在だと言えなくはないだろうか。この考え方は、意外なところから裏付けが為されている。それは舟に載せて流してしまったという部分である。沖縄の祝詞《のりと》にあたるオタカベには、太陽神の長子であるオトジチョ（あるいはオトジキョ）がネズミを産む、あるいは自らがネズミになるといった内容が語られており、そのネズミが農作物を食い荒らすために小舟に乗せて海の彼方にある常世の国ニライカナイに流したというのだ。

現在でも沖縄本島北部とその周辺の島でおこなわれているウンガミ（ウンジャミとも）という海神を祀る行事では、最後にネズミを海に流しているところがある。舟ではなく、パパイヤの実に入れて流すのである。沖縄にはネズミがニライカナイから来たという考えがあって、太陽神と結びつけてしまうのは早計かもしれないが、ヒルコ神話に関わる一つのモチーフとして捉えることはできるのかもしれない。

ヒルコからエビスへ

モチーフといえば、ヒルコが不具の子として生まれるというパターンの神話も、東南アジアには広く分布している。洪水によって生き残った兄妹が結婚したが、最初は不具の子が生まれたという話である。記紀神話には各地の様々な神話・伝説の影が投影されているが、ヒルコ神話もまたこうした南方のモチーフを取り入れて成立しているのであろう。そんなふうに考えてゆくと、ヒルコ神話から太陽神やら創世神話へとつながる壮大な話になってくるわけだが、肝心のヒルコに関してはこれきりしか登場しないためにこれ以上の解明のしようがない。

しかし、捨てる神あれば拾う神ありとはよく言ったもので、日本各地にはこのヒルコを祀った神社というのが多々存在しているのである。中でも有名なのは兵庫県西宮市の西宮神社であろう。西宮神社の主祭神こそ、「蛭児《ひるこの》命《みこと》」なのである。この西宮神社、一般には西宮えびすと呼ばれ、「えべっさん」と親しまれていることは関西人であれば周知の事実。つまり蛭児とはエビスのことなのである。

しかしいったいなぜ、ヒルコがエビスに転身してしまったのであろうか。

元来、エビスという神は、外来神ではなかったかと考えられている。エビスを示す漢字に、「戎」「夷」「胡」などがあるが、いずれも元来は中国で辺境の異民族を指す言葉であった。日本でも「征夷大将軍《せいいたいしょうぐん》」の名で判るように東国のまつろわぬ人々を指してエビスと言っていたわけで、それを考えるとエビスという神もまた、中央の神とは異なるアウトロー的な存在であったのだろうか。

神としてのエビスが最初に文献に登場したのは、平安時代末期に作られた『伊呂波字類抄《いろはじるいしょう》』である。そこでは驚くことに、エビスが「毘沙門《びしゃもん》」と説明されている。これは神の本地が仏であるという本地垂迹説に基づくものだろうが、荒々しい毘沙門天が本地ということは、やはり荒々しい外来神というイメージがつきまとっていたのかもしれない。そしてこの外来という考え方

西宮神社（兵庫県西宮市）

が、海から訪れる者という考え方につながってゆく。

現在でも海で働く漁師たちの間では、海から漂着するものをエビスと呼ぶ習慣があるが、そのような漂着神の存在こそがエビス信仰の中核を為すようになったのである。例えば、一頭あがれば「七浦を潤す」と評された鯨もまたエビスであった。イルカなどの大魚を指す場合もある。さらには流れ着く水死体もまたエビスと称され、拾い上げれば豊漁になると信じられていた。それゆえ見つけた船は、必ず収容することになっているのである。魚の到来が死活問題である漁師にとって、エビス神は重要な信仰であったと言えよう。

こうした「流れ着くもの」というエビスのコンセプトが、流されたというヒルコといつしか結びついたのであろう。エビスすなわちヒルコであるという図式が、鎌倉時代あたりに成立したものと考えられている。さらにエビスと結びつけられたものに、事代主命《ことしろぬしのみこと》もいる。出雲を治めていた大国主命《おおくにぬしのみこと》の息子であるコトシロヌシは、国譲りを迫る使者がやって来た際に釣りをしていたという理由だけで、エビスになってしまった。

なんともいい加減な展開であるが、父親であるオオクニヌシもまた「大国」が「大黒」につながるという語呂合わせだけで、ダイコクさまになってしまっているのである。ちなみに大黒というのは、インドの神であるマハーカーラが中国にもたらされた際に、「大いなる暗黒」というその意味が漢訳された結果の名前なのである。日本人の神意識には、よく言えば臨機応変な、悪く言えばいい加減なところが、こんなふうによく見られる。

招福の神として

さて、ヒルコやコトシロヌシと融合したエビスであるが、外来の神という性格が今度は外から福をもたらす神としての性格を強くしてゆくようになる。室町時代にはご存じ七福神というものが形成されるが、その中にエビスが組み込まれるのである。七福神というのは、若干の異動があるものの基本的にエビス以外は外来の神である。しかしここまで見てきた来歴を考えると、エビスもまた外来の神と考えてもよいのかもしれない。それはともかく、七福神というのは福の神、富をもたらす神々である。鎌倉から室町にかけての時代は、商業というものが台頭してきて、自らの才覚で福を追い求めることができるようになった時代でもある。そうした中で七福神のメンバーにも選ばれたエビスは、漁業だけでなく商売繁盛の神としての面を強くしてゆくようになった。こうなると、もはやご都合主義と言わざるを得ないかもしれないが、商業の神としてのエビスはやがて全国を席巻する。

その陰には、西宮神社の社人たちがエビスの神札を持って廻る営業努力があった。その結果、台所を守る神として大黒とペアで祀られるようになったのである。例えば関東では「エビス講」といって旧暦十月二十日と正月二十日には、この二神を机の上などに飾り、尾頭付きの魚などを供えて祀る年中行事がある。二回あるというのは興味深いところで民俗学的にはいくつかの解釈ができるのだが、一般には正月に稼ぎに出かけていったエビス・大黒が、秋に帰ってくると説明されたりする。中には帰ってきた秋にはてんこ盛りのご飯を供えるが、出て行く春にはあまり食べさせると働かないからと言って、少ない盛りつけにする風習まであるから可哀想になってしまう。こうして農村部にも広まったエビス信仰は、農耕神的な要素まで合わせ持つようになるのであった。

一つ興味深い事例がある。高知県の山中に伝わる「いざなぎ流」と呼ばれる神仏混淆の信仰体系があるのだが、その中に「えびすの本地」を語る祭文がある。それによれば、えびすは三兄弟で、太郎えびすは商いと耕作の神、次郎えびすは春の苗おろしと秋の蔵入れの神、三郎えびすは海山川の漁・猟の神となっている。三兄弟だというのはエビスのことを一般的に「夷三郎」と呼ぶことから来ているのであろうが、これがあながちご都合主義とだけ見られないのは、太郎は帝釈天、次郎は毘沙門天、三郎がへうせん大王（不明）と名付けられている点である。えびすが毘沙門天という平安時代の文献をそのまま継いでいるのは興味深い。

ところでエビスがなぜ三郎なのかという話であるが、ここでようやくヒルコに戻ってくることができる。『日本書紀』の中でヒルコはアマテラス、ツクヨミに次いで三番目に生まれてきたから三郎、というのである。果たしてそれだけが理由なのか詳しい検討をしなければならないと思うが、ヒルコが三郎だという考えは、とんでもないところにもつながってゆく。岩手県の早池峰山麓に伝わる早池峰神楽《はやちねかぐら》は、ユネスコが選んだ無形文化遺産にも登録された芸能であるが、その中に登場する「三番叟《さんばそう》」はヒルコだと説明が為されているのである。三番叟といえば能楽に登場する演目で、「千歳《せんざい》」「翁《おきな》」に次

JR恵比寿駅前の「えびす像」。狩衣姿で、右手に釣り竿を持つポーズ、左脇に鯛を抱えている。

いで登場する黒い翁面を着けた舞である。早池峰神楽は、山伏たちが室町時代あたりに都で流行していた能楽の原型を運んで伝えたとされる芸能で、三番叟は三番叟以外の何者でもない。それがどうしてヒルコになったのかといえば、江戸時代にその地を治めていた南部藩が藩内の神道化政策を進めたことによるのである。

それまでの神道といえば神仏混淆《しんぶつこんこう》であり、山伏たちが演じた神楽もまたそうした意識のもとにあった。しかし吉田神道という純粋な神道を目指す運動のもと、三番叟は三番目だから記紀神話の中のヒルコにしてしまえ、という無理矢理な解釈が生まれたというわけなのである。

三番叟というのは、数ある演目の中でも実にリズミカルで軽快な舞である。

片足を上げて元気に飛び回る様を見ていると、こじつけとはいえ不具の子として流されたヒルコが、こんなところで元気に飛び回っていると考えるのも、あながち悪くはないなと思えてしまう。

ヒルコを祀る神社

ヒルコを祀る神社は主なところで、西宮神社（兵庫県西宮市）、西宮神社（栃木県足利市）、桐生西宮神社（群馬県桐生市）、蛭子神社（神奈川県鎌倉市）、西宮神社（長野県長野市）、柳原蛭子神社（兵庫県神戸市兵庫区）、堀川戎神社（大阪府大阪市北区）、蛭児遷殿（大阪府大阪市北区大阪天満宮境内）、石津太神社（大阪府堺市西区）、名古曽蛭子神社（和歌山県橋本市）、胡子神社（広島県広島市中区、蛭子神・事代主・大江広元の三柱が三位一体となった「えびす神」）、蛭子神社（徳島県那賀郡那賀町）が知られている。

イザナミ・イザナキと深く結びつく火の神

カグツチ

火之迦具土神
軻遇突智

猪股ときわ

凄惨さが強調される「子殺し」、カグツチ殺害。
しかし、そこには現代につながる列島人の知がこめられていた

衝撃的な火の神の誕生

火の神カグツチの誕生する場面には、現代人の目からすれば凄惨《せいさん》としか思えない出来事が次々と生起する。母の胎内から誕生してくると同時に、カグツチは母神のホト（女陰）を焼く。母神であるイザナミはこの子を生みホト

を焼かれたことでそのまま病み臥し、身体から嘔吐物、尿、糞を排出しつつ死に、黄泉《よみ》の国へと去ってしまう。子とひきかえに妻を失った父神イザナキは「いとしい妻よ、一本の木のような子と代わろうというのか」と言って遺体の枕のあたり、足のあたりと這いずり回り、涙を流し声をはりあげて泣く。ついには剣を抜き、カグツチの首を斬る。カグツチの血は剣の切っ先からも鍔《つば》からも、あたりの岩群へと勢いよく飛び散り、柄に集まった血は握るイザナキの指の間から漏れ出した（『古事記』）。

子の出産で母が死に、父は悲しみのあまり生まれたばかりの子を斬り殺してしまうという、親殺し子殺しの経緯が、母神や子神の身体の特定の部分を焼く、斬るといった行為、喪失の悲しみを表す動作などを一つ一つ、落とすことなくかたられてゆく。その結果体内から溢《あふ》れ出てくる様々な排泄物、涙、血も、数え上げられるようにして克明にかたり明かされてゆくのである。

神話を必要とした人々の現在にも、火は燃え、焼き、輝いていたはずであり、火なるものは決して消滅したわけではないはずである。ではなぜ、火の神カグツチは誕生と同時に斬られ、死んだとされるのであろうか。火の神の誕生がこのような残酷な暴力とともにかたられるのは、なぜであろうか。現代人の論理が通用しないところにこそ、火の活動を鎮め、恩恵に預かろうとし、火なくしては生きられないことを受け入れつつ常に恐れ、尊んだ、古代の人々の神話的思考が込められているように思われる。以下、『古事記』を中心としてカグツチの神話を読んでみよう。

火が生成した文化と死

神話の中で、焼かれ、病み、斬られ、死ぬのは人の身体ではなく、いずれも神の身体であることに注意したい。

女神イザナミの身体はカグツチ出産に至るまでに、日本列島の島々を産み、川や海や石や風、野や山といった自然神たちを産んだ身体であった。ホトを焼かれ損なわれたことをきっかけにして、ここまでの営みで身体の内側に蓄積されてきた様々な物が、身体の外に嘔吐物として排出されると、それは金

カグツチを祀る愛宕神社（京都府京都市右京区）

山（鉱山）の神と成る。糞として排出された物は粘土の神、尿は水の精霊と若々しい生成の霊力そのものである神と成る。生成の精霊神の子神は、豊かな食物の女神（トヨウケビメ）と成る。

「病み臥す」女神は、身体の内側と外側とがしっかりと区別された健全な状態は損なわれている。だが、そのことによって、生むという行為では外界に誕生してくることができなかったもの、女神の身体の内側に蓄積され留まってきた別種の力が、新たな神々と成って解き放たれるのである。

金山から採掘される鉱物、粘土、水は、火を加えることで鉄や銅、土器、湯、となる。粘土で土器を作るにも、鉱山から鉱物を取り出すにも、また食物の調理にも、強い火の威力は必要不可欠である。水や土は火の威力を鎮め、調節しもする。イザナミの胎内から出てきたカグツチの力を人が用いるには、同じ胎内からもたらされた神々との協力が不可欠なのである。女神の身体は列島や自然神たちを宿すものであると同時に、種々の資源を宿す大地そのものであり、火も、火を人が用いることに協力してくれる神も、女神の胎内にこそ孕《はら》まれていた。

生むことで誕生した大地や自然環境そのものである神々に対して、火の神出産後に排泄物から成った神々は、火と結びつくことで人の生に有益な文化的産物となる資源の神々である。人の文化的な営みの起源が、女神の大いなる身体に「病み臥す」状態を引き起こし、身体じたいに大きな変容を刻印してしまったこと、いわば大地を傷つけることなしに文化が始まらないことを神話ははっきりと認識してもいる。

さらに『記』ではイザナミが黄泉の国へと去ることで、「黄泉の国」という人に汚れと死をもたらす異次元世界じたいが存在することになり、こちら側の世界も、はじめて「葦原中国《あしはらのなかつくに》」と呼称されることになる。

連れ戻そうと訪ねて行ったイザナキが見た黄泉の国のイザナミの身体は、蛆《うじ》がゴロゴロと渦巻き、頭、胸、ホトなどの各部位から八柱の雷神が生成しつつあるおぞましい姿であった。女神の死は、神の身体の様態の決定的な変容であったが、女神がイザナキに向かって「おまえの国の人である草を一日

葦原中国と黄泉の国をつなぐとされる黄泉比良坂（島根県松江市）

に千頭絞め殺そう」と言ったように、ついに女神自身が人に死をもたらす存在と化すのである。ここに、死者の世界と生者の世界という、互いに相容れない、往来不能な異世界が成立する。世界の分割である。火の神の出産は人に火の熱を用いて自然物を加工する文化をもたらし、同時に女神の身体を損ない、変容を強いて、ついには人に死をもたらす女神へと変成させたのである。

結合と変成の舞台

火の神の名は、『古事記』ではヒノヤギハヤヲ、またの名をヒノカカビコ、またの名をヒノカグツチとし、それぞれ順に、火が焼く勢い、火の炎の輝くさま、ちらちら光る炎の霊力を讃えている。火の活動が物を焼くという働きと、自ら光を発して、輝く神秘的な炎の様態とによって捉えられており、火の神の身体を斬ったからといって、これらの現象自体がこの世から消え去るということではない。カグツチが斬られるのも、火の神の身体の、誕生したとたんの変容をかたるものにほかならない。

身体を剣で斬り、火の胎内から血液を外界へと飛び散らせることで、イハサク以下、剣の勢いの強さや鋭い切れ味の神、剣神の化身でもある雷神など剣の霊力にまつわる八神が生成する。雷神タケミカヅチは、後に、葦原中国を平定する戦いで活躍することになる。剣という具の、表皮に覆われた血液や骨肉を露呈させ、死を招き、地上を平定する厳めしい力は、誕生と同時に母神の身体を変容させたカグツチの体内に宿る火なるもののエッセンス（血）が、聖なる岩群と、父イザナキの手による斬るという行為とに激しくぶつかり合って結合する瞬間に生成していったのであった。

火の神の血しぶきとは、飛び散る火花でもあろうか。鍛冶《かじ》の現場では、真っ赤に焼けた鉄が烈火によって鍛えあげられる。火の神斬殺の場面は単なる殺戮《さつりく》場面ではなく、鍛冶場に見るような異質な要素どうしの衝突と反発、結合と変成の神話的表出にほかならず、それゆえにこそ血が飛び散る場面を一つ一つかたってゆく必要があったのである。

私たち現代人はイザナキが妻を不条理のうちに失った悲しみや、子殺しの凄惨さのみを受け止めがちであるが、人の内にも認められるそうした激しい、自分でもどうしようもないような情の力は、それ自体、神である。イザナキの涙はナキサハメという女神に成ったという。イザナキの怒りは聖なる剣を振るい火という統御困難な自然の威力を変容させてしまう凄まじい威力である。火の威力は発火し燃え広がるに任せたままでは、人の営みの中に持ち込むことはできず、父神イザナキの怒りと剣によってこそ変成させることができた。

ところで、火の神の名について、『日本書紀』にはカグツチ（一書第二、第四、第六）のほか、ホムスヒ（一書第三）の名がみえる。ホは火の意、ムス・ヒは生成する（＝ムス）霊力（＝ヒ）という意。焼き、熱することによって物質を加工する働きのほかに、火の神自身の本性として生成する力が認められてもいたことがうかがえる。『紀』の一書第二では、カグツチに焼かれてイザナミが臥している間に土の神と水の神を生んだが、カグツチは土の神ハニヤマヒメ（ハニ＝粘土、ヤマ＝山）を娶《めと》り若々しい生成する霊力の神（ワクムスヒ）を生み、ワクムスヒの頭の上に蚕《かいこ》と桑が生り、臍《へそ》の中に五穀が生る。ここでは火の神の生成力は栽培植物の起源と結びつけられている。山を火で焼くことで土壌を肥やし粟などを耕作する水田耕作以前の焼き畑農耕文化を背景としていると指摘されているところである。

『紀』の一書ではイザナキが斬って「三段」（三つ）にした（一書第六、第七）とも、「五段」（五つ）にした（第八）ともされ、ばらばらになった身体の各部位が化した三柱ないし五柱の神はいずれも山にまつわる神である。斬られた火の神の身体が山の神に化すところにも、山を焼く焼き畑との関連、また、火を宿す火山列島日本の山々との結びつきが指摘されている。

『記』では、身体をばらばらに斬ったかどうか明瞭ではないものの、殺されたカグツチの頭・胸・腹・ハゼ（男陰）・左右の手・左右の足にマサカヤマツミ以下、山の峡谷や山裾、麓《ふもと》や里に近い山などの意をもつ八種類の山神たちが成る。神の身体が死してさらに新たなより多くの神々が化成するのは「死体化成」と称する神話のモチーフの一つ。火の神の身体の死は消滅ではなく、別の様態への移行と新たな、より多くの神々の生成にほかならないのである。

飛び散ったカグツチの血がほとばしり注いで、小石の群れや樹木や草を染め、これが草木や砂岩が自らに火を含むことの起源となった、とする『紀』の一書第八のエピソードにも注目される。火の気が見えない岩石の中からある時突如火が吹き出すのも、乾燥した草木が突如発火するのも、これら自然界の物が内に火を孕むからと考えられていたようだ。

現代に響く神の起源

カグツチにまつわる神話からは、地上に偏在し、出現しては広がり、周囲の物をことごとく変容させてゆく火、「なかば文化であるとともになかば野性」であり「部屋を暖め食いものを煮る力である反面、森や家を焼き傷つける破壊力でも」ある火にたいする「崇拝と恐れとの二面性」（西郷信綱）がうかがえる。

火を手にすることで人ははじめて文化的存在となり得たが、それは大地そのものである女神を損なうことと連動しており、生とは相容れないが切り離すこともできない人の死もまた、もたらされた。火の神話には、古層の焼畑文化が培った火に対する知や、火の山を神の身体と感じつつその上に暮らした列島人たちの知がうかがえた。のみならず、『紀』や『記』の火の神誕生の神話を総合すれば、中国古代の五行思想に言う宇宙を構成する木火土金水の五大元素がすべて出そろうことにもなる。単なる五行思想の影響ではなかろう。起源の時に母神を焼きつつ誕生し、今も新たに大地の其処ここから生まれてくるカグツチに対し、人は過去からの知を抱えつつ、常に現在形の新たな知力を尽くして考究し続けているのである。

なお、出雲国の神オホクニヌシが天孫に御饗《みあえ》を奉るエピソードには、燧《ひきり》臼《うす》と燧杵《ひきりぎね》を摩擦させて起こす聖なる調理の火の起源譚がみえる。この燧の具は、海中からもたらされる（『記』『紀』）。カグツチとは異なる系統の火の神が存在した可能性があろう。また突如発火して建築物を焼く火は、宮中祭祀「鎮火祭」の祝詞《のりと》に「火結神」と呼ばれる。「火結」の文字は、自ずから火を起こす威力を讃えるもの。火結神を生んだイザナミは、黄泉の国とこちらの国の境界（「よみつ枚坂《ひらさか》」）まで行き「心悪《あ》しき子」を生み置いてきてしまったと言って戻ると、水や土など鎮火の威力ある神々を生み、これらによって子の心を鎮めよと教える。祭祀のたびごとに火結神は、母のホトを焼いた誕生や「心悪しき子」という母の言葉、母神が残した鎮めの方法を語り聞かされ、起源のときのイザナミの言葉をもってこそ鎮められる。神話は神の過去をかたるものではなく、神の起源を、現在のただなかに召還するものであったのである。

火の神を祀る神社

火の神を祀る神社には火男火売神社（大分県別府市）、秋葉山本宮秋葉神社（静岡県浜松市）、愛宕神社（京都府京都市右京区）などがある。

神武東征神話で再生した剣の神の正体

フツヌシ

経津主神

小林真美

「国譲り」における武功から、
その後、武将・軍人から崇拝を受け、
はてはサイパンまで届いた神の変遷

フツヌシ関係記事の概要

『日本書紀』など、複数の文献に登場するフツヌシは、「国譲り」交渉における第三の使者として、高天原《たかあまのはら》より葦原中国《あしはらなかつくに》に派遣された神と伝えられる。

そこには、フツヌシが、大己貴神《おほあなむちのかみ》に国土を献上させるとともに、帰順しない諸々の荒ぶる神をも誅伐したことを記す。天穂日命《あめのほひのみこと》らが失敗した「国譲り」の成功、そして妨害となる神の平定というフツヌシの活躍によって、この後、天皇家の由来や国土統治に関わる最重要課題「天孫降臨」が行われる。フツヌシは、天孫・ニニギノミコトが難なく降臨するための路を開拓した神であり、日本神話の神々でも、とくに大切な役割を担った存在と考える。

この日本神話に語られた功績譚を背景に、フツヌシは、その神格を「刀剣の神」「武神」「軍神」とし、各時代の武将や武芸者、ひいては軍人の崇拝をも受けるという興味深い歴史を持つ。現在も篤く尊崇されている。

さて、物部《もののべ》氏の古伝承に詳しい『先代旧事本紀《せんだいくじほんき》』は、神武天皇より宇摩志《うまし》麻治命《まぢのみこと》に下賜された刀剣「韴霊《ふつのみたま》」の異称に、「布都主神魂《ふつぬしのかみたま》の刀《つるぎ》」など、フツヌシに由縁のある名称を載せる。また、祭祀社として最も長い歴史を持つ香取神宮の祭神名を、『続日本後紀《しょくにほんこうき》』などの国史は、「伊波比主神《いわいぬしのかみ》（斎主神）」とする。これらは、フツヌシが、その神格の享受や信仰の過程も、大いに注目すべき存在であることを提示する。

本稿では、まず上代関係文献を手がかりに、フツヌシの祖系譜と活躍の詳細を捉える。そのうえで、先に触れた『先代旧事本紀』や、六国史における香取神宮の記事から、フツヌシの神格が、どのように享受され、信仰されたのかをみる。さらには、近代日本の海軍にみる崇拝の様相に関しても、視点を当てていきたい。

ちなみに、フツヌシは、「経津主神」―『日本書紀』『古語拾遺』『先代旧事本紀』巻第三、「布都努志命」―『出雲国風土記』『延喜式』巻八、「経津主命」―『延喜式』巻八・祝詞、「布都主神」―『先代旧事本紀』巻第五、などの表記がみられる。

祖系譜及び「国譲り」での武功

最初に、『日本書紀』神代巻にみられる、フツヌシの祖に関する記事を取り上げる。以下に引用するＡＢは、伊奘諾尊《いざなきのみこと》により火神・軻遇突智《かぐつち》が斬殺

香取神宮の本殿（手前）、拝殿（奥）／著者撮影（千葉県香取市）

される場面である。

A　遂に所帯《はか》せる十握剣《とつかのつるぎ》を抜《ぬ》きて、軻遇突智《かぐつち》を斬《き》りて三段《みきだ》に為《な》す。此《これ》各《おのおの》神と化成《な》る。復劒《またつるぎ》の刃《は》より垂《したた》る血《ち》、是《これ》、天安河辺《あまのやすのかはら》に所在《あ》る五百箇磐石《いほついはむら》と為《な》る。即《すなは》ち此《これ》経津主神《ふつぬしのかみ》の祖《おや》なり。（中略）復《また》劒の鋒《さき》より垂《したた》る血、激越《そそ》きて神と為《な》る。号《なづ》けて磐裂神《いはさくのかみ》と曰《まを》す。次《つぎ》に根裂神《ねさくのかみ》。次に磐筒男《いはつつのをの》命《みこと》。一《ある》に云《い》はく、磐筒男命及び磐筒女命《いはつつのめのみこと》といふ。

〔第五段一書第六〕

B　又《また》曰《い》はく、軻遇突智《かぐつち》を斬る時に、其《そ》の血激越《そそ》きて、天八十河中《あまのやそのかはら》に所在《あ》る五百箇磐石《いほついはむら》を染《そ》む。因《よ》りて化成《な》る神を、号《なづ》けて磐裂神《いはさくのかみ》と曰《まを》す。次《つぎ》に根裂神《ねさくのかみ》、児磐筒男神《こいはつつのをのかみ》。次に磐筒女神《いはつつのめのかみ》、児此《これ》経津主神《ふつぬしのかみ》。

〔第五段一書第七〕

比較すると、Aでは、フツヌシの祖を、軻遇突智を斬った剣の刃より滴った血が化成した五百箇磐石と記し、Bにおいて系譜的に語られる磐裂神らとの関係性はみられない。

一方、Bの記事では、軻遇突智の血が直接五百箇磐石に降り注ぎ、そこから磐裂神・根裂神が化成する。そして、彼らが生んだ磐筒男神・磐筒女神の子としてフツヌシの名が登場しており、その系譜に関して明確に記されていることがわかる。

このように、フツヌシの祖系譜には異伝をみるが、第九段本書も、

C　高皇産霊尊《たかみむすひのみこと》、更《さら》に諸神《もろかみたち》を会《つど》へて、当《まさ》に葦原中国《あしはらのなかつくに》に遣《つかは》すべき者《ひと》を選《えら》ぶ。
僉曰《みなまを》さく、
「磐裂根裂神《いはさくねさくのかみ》の子《みこ》磐筒男《いはつつのを》・磐筒女《いはつつのめ》が生《う》める子《みこ》経津主神《ふつぬしのかみ》是《これ》佳《よ》けむ」とまをす。
〔第九段本書〕

とあり、磐裂神らの子孫という伝承が尊重されていたと考える。

なお、磐裂神・根裂神は「岩や木の根を裂く刀剣の威力」を象徴し、磐筒男神・磐筒女神は「岩のごとく強い刀剣神」とされる。鉱石を意味する五百箇磐石のみならず、刀剣の強猛性を表す彼らの系譜に列なることで、フツヌシは武力による優れた活躍を確約される。ゆえに、諸神は、二度失敗した「国譲り」交渉の使者に選定するのである（小島憲之他校注・訳『日本書紀一』）。

さて、その「国譲り」記事では、同書第九段本書・同一書第二と、同一書第一には、フツヌシの活躍内容やその司令神に関して、大きな相違点があることに注意したい。概略すると、前者は、フツヌシを使者の主神に位置付け、その名を先に記し、さらにその司令神を高皇産霊尊とする。後者では、武甕槌神《たけみかづちのかみ》の名を先に挙げ、司令神を天照大神と記す。

まず、第九段本書において、フツヌシは、「神《かみ》の傑《いさを》」天穂日命や、「壮士《たけきひと》」天稚彦《あめわかひこ》の失敗後、高皇産霊尊を司令神に「国譲り」交渉の使者に指名される(前述C)。そのさい、自らの武勇を強く主張した武甕槌神を「配《そ》へ」られて、派遣される。二神は、出雲国の五十田狭《いたさ》の小汀《をはま》に降り、地に十握劒《とつかのつるぎ》を逆さに立て、切先に趺坐し、大己貴神に「国譲り」を口頭で迫る。子・事代主《ことしろぬしの》神《かみ》に判断を委ね、委譲を決めた大己貴神は、葦原中国平定に用いた「広矛《ひろほこ》」を授けて統治権を譲渡し、隠遁する。その後、二神は、帰順しない諸神を誅殺する。一説に、邪神や草木石類を全て平定し、最後まで抵抗した香香背男《かかせを》も服従させ、高天原に復命したとある。このように、本書は、フツヌシを諸神の指名した主神として明記し、武甕槌神は副神つまり従者的な立場に捉えていることを理解する。

次に、同一書第二は、「天神《あまつかみ》、経津主神・武甕槌神を遣《つかは》して」とあり、最初にフツヌシを挙げ、次に武甕槌神の名を記す。後文には司令神を高皇産霊尊とする。やはり直談判で「国譲り」交渉を行うが、同本書と異なり、フツヌシは単身で高天原に帰還し、渋る大己貴神の言動を、司令神・高皇産霊尊に報告し、再び戻る。フツヌシの報告により、幽界支配を約束された大己貴神は、二神に「岐神《ふなとのかみ》」を薦めて隠遁する。

さて、同一書第二では、この後、フツヌシ単独の活躍として、先述の岐神を案内役に、全国を巡行・平定したことに、目を向ける必要がある。当該記事は、「逆命者《したがはぬもの》有るをば、即ち加斬戮《またころす》す。帰順《まつろ》ふ者をば、仍《よ》りて加褒美《またほ》む」と伝え、帰順した首領神として大物主神《おほものぬしのかみ》・事代主神を記す。フツヌシを主神とする同本書・同一書第二は、帰順しない神々への誅殺・斬戮の実行という、武力行使による平定を載せるのである。

一方、最初に武甕槌神を掲げる同一書第一は、大己貴神等との「国譲り」

交渉を同じく口頭で成功させ、すぐに復命しており、その後は天照大神への平定報告を記すにとどまる。

以上を比較すると、フツヌシが主神の「国譲り」記事は、大己貴神等との口頭による平和的な交渉を述べつつ、他方では、諸神に対しての、武力による強硬な征圧・平定を語ることに、甚だしく拘泥した内容といえる。それは、「天孫降臨」の路を拓く困難さを示すことにも繫がる。同本書の冒頭に、葦原中国は、蛍火のごとく光る神や、蝿声《さばえ》なす邪神が跋扈し、草木が物を言う状況にあったことを記す。容易に平定しうる地ではなかった葦原中国を、フツヌシは、自身の担う強靱な刀剣の力を以て平らげ、天孫を降臨へと導く。そして、この突出した武功により、代表的な「武神」として祀られ、尊崇を得るのである。

なお、フツヌシは、『出雲国風土記』にも登場し、意宇《おう》郡楯縫郷《たてぬひのさと》条では「布都努志命《ふつぬしのみこと》の天《あめ》の石楯《いはたて》を縫《ぬ》ひ置《お》き給《たま》ひき。故《かれ》、楯縫《たてぬひ》といふ」と、地名起源に関わる。同山国郷《やまくにのさと》条には「布都努志命の国廻《めぐ》りまししし時、此処《ここ》に来まして詔《の》りたまひしく、『是《こ》の土《くに》は、止《や》まなくに見まく欲《ほ》し』と詔《の》りたまひき。故《かれ》、山国といふ」とあり、地名起源に加え、国土の巡行に触れる。

「韴霊」とフツヌシ

上代関係文献におけるフツヌシの活躍記事を踏まえ、次に、後代の文献等に認められる、その神格の享受や信仰の様相を、捉えていきたい。

はじめに、平安時代初期に成立した『先代旧事本紀』巻第五「天孫本紀」は、他書を利用しない同書独自の記事として、饒速日命《にぎはやひのみこと》の子・宇摩志麻治命《うましまぢのみこと》の活躍を伝える。その一つに、宇摩志麻治命が、自らに仕えていた長髄彦《ながすねびこ》を誅殺し、その衆を帰順させた功績を褒められ、磐余彦尊《いはれびこのみこと》（神武天皇）より神剣を賜ったことを記す。

特《こと》に褒《ほめ》て寵《いつくし》みを加《くは》へたまひ、授《さづ》くるに神《あや》しき劒《つるぎ》を以《も》て、其《そ》の大《おほ》き勳《いさをし》に答《こた》へたまふ。凡《およ》そ、厥《そ》の神《あや》しき劒韴霊《つるぎふつのみたま》の劒刀《つるぎ》は、亦《また》の名《な》は布都主神《ふつぬしのかみ》魂《たま》の刀《つるぎ》。亦《また》は佐士布都《さじふつ》と云《い》ひ、亦《また》は建布都《たけふつ》と云《い》ひ、亦《また》は豊布都神《とよふつかみ》と云《い》ふは是《これ》なり。

また、同本紀は、その即位に際し、宇摩志麻治命が「天瑞宝《あまつみづのたから》」を献上し、一説に「今木を布都主劔《ふつぬしのつるぎ》に刺《さ》し繞《めぐ》らし、大神《おほかみ》を殿《みあらか》の内《うち》に斎《いつ》き奉《まつ》る」と、「韴霊」を用いて奉斎を行ったことを伝える。巻第七「天皇本紀」神武条にも、「五十櫛《いくし》を布都主劔大神《ふつぬしのつるぎおほかみ》に刺《さ》し繞《めぐ》らし、大神を殿の内に崇《あが》め斎《いは》ふ」とある。同書では「韴霊」は、武甕槌神・高倉下《たかくらじ》を経て、磐余彦尊に渡り、東征に貢献する。この神剣を、同書のみが、フツヌシを連想させる「布都主神魂の刀」「布都主劔」「布都主劔大神」と呼ぶことは、注目すべき問題であろう。

従来、これらの異称などを根拠に、フツヌシは、「韴霊」を神格化した神と捉えられてきた（松前健「国譲り神話の形成」『日本神話の形成』塙書房、昭和四十五年）。しかし、最近、同書を詳細に研究する工藤浩が、まず先に

『日本書紀』「国譲り」条でのフツヌシの活躍があり、『先代旧事本紀』編者は、その「『日本書紀』に書かれるフツヌシを、自らの最も重点を置くフツノミタマの所持者と位置づけた」とする新説を提出した（工藤浩「フツヌシ再考」『上代文学』九九、平成十九年十一月）。

工藤に従えば、『先代旧事本紀』編者は、異称を記すことで、神武創業に深く関与し、石上神宮に祀られる「師霊」と、突出した刀剣による武力で葦原中国を平定したフツヌシとの由縁を創り上げたと考えられる。列挙された異称は、物部氏や石上神宮を顕彰する目的を持つ同書が、屈強な武神像を担うフツヌシを、同神宮の要である神剣「師霊」の霊妙な強靭性を表し、その尊貴性を高める存在として享受した徴証といえよう。

香取神宮・戦艦「香取」・彩帆香取神社

「神宮」の称号を持つ、下総国一宮・香取神宮は、六国史に複数の関係記事をみる。『日本書紀』第九段一書第二には、フツヌシ等の派遣を語る箇所に、

「是《こ》の時《とき》に、斎主《いはひ》の神を斎《いはひ》の大人《うし》と号《まを》す。此の神、今東国《いまあづま》の檝取《かとり》の地《くに》に在《ま》す」と記載している。

この記事と同様に、平安時代初期の『続日本後紀』承和三年五月九日条には、「奉レ授二下総国香取郡従三位伊波比主命正二位一。」とあり、以降の国史も「伊波比主命」を祭神として記す。一方、ほぼ同時期に書かれた『古語拾遺』は、「仍りて経津主神〔是、磐筒女神の子。今下総国香取神、是也〕」と、フツヌシを祭神としており、違いが生じている。

この香取神宮における祭神の相違に関しては、文意が難解な『日本書紀』記事の解釈や、奉斎した氏族等の観点から諸説挙がっているが、未だ定説をみない。だが、『古語拾遺』に拠れば、フツヌシを、早い時期からその祭神とみなす余地があったことは明らかであろう。ここには、東国の大社《おおやしろ》である香取神宮が、創建当時から担っていた祭祀内容の問題（フツヌシの神格から推測するに、武運祈願か）も含まれてくると考えられる。のちの江戸期における書物には、フツヌシをその祭神として明記するものが頻出する（伊野

回航紀念「香取神宮と鹿島神宮」／著者私蔵

部重一郎「鹿島社と香取社の祭神について」『神道学』一一〇、昭和五十六年八月）。これは、フツヌシが、香取神宮の祭神として、人びとに広く認知されていたことを示している。

　ところで、帝国海軍の戦艦には、山岳名（例「三笠」）や国名（例「長門」）などのほか、神社名を冠する艦がある。武神・フツヌシを祀る香取神宮も、艦名に採用された。初代「香取」（明治三十九年五月竣工・大正十二年九月除籍）は、香取型戦艦のネームシップである。また、二代「香取」（昭和十五年四月竣工・同十九年二月沈没）は、練習巡洋艦としての就役を目的に建造された。両艦ともに戦艦「鹿島」を姉妹艦とした。のちの海上自衛隊では、その名を受け継ぐ練習艦「かとり」（昭和四十四年九月竣工・平成十年三月除籍）が活躍した。

イギリスで建造された初代「香取」は、初代艦長となる坂本一大佐を回航委員長として、日本に到着した。回航を記念した『新戦艦鹿島香取紀念絵葉書』（齋藤松洲画、春陽堂）が発行され、ここに香取神宮と鹿島神宮を一枚に収めた絵葉書をみる。

大正三年十月、南洋方面に向かった初代「香取」は、サイパン島を占領した。そのさい、脇田四郎守備隊長は、島内に小祠を建て、同艦内に奉祀する香取神宮の御神霊を分祀し、「香取神社」を創建する。フツヌシは、初代「香取」を介し、サイパンにも奉斎されたことになる。現在も、同社を継いで昭和六十年十一月に再建された「彩帆《サイパン》香取神社」の祭神であり、毎年十月には、香取神宮の神職によって、神事（例祭典）が斎行されている。

フツヌシを祀る神社

最後に、式内社研究会編『式内社調査報告』をもとに、フツヌシを祭神とする神社を抄出する。

香取神宮（下総国一宮。千葉県香取市香取一六九七）、貫前神社（上野国一宮。群馬県富岡市一ノ宮一五三五）、鹽竈神社（陸奥国一宮。宮城県塩竈市一森山一―一）、枚岡神社（河内国一宮。大阪府東大阪市出雲井町七―十六）。

※成稿及び写真撮影等に関しては、香取神宮（千葉県香取市）より懇切なる御配慮を賜りました。記して深く謝意を申し上げます。
※本稿は、平成二十三年度東京理科大学・特定研究助成金（奨励研究助成金）「日本神話の享受に関する基礎的研究」による研究成果の一部です。

桃太郎のルーツともいわれる「桃の実」伝承

オホカムヅミ

意富加牟豆美命

岡部隆志

桃太郎・ひな祭り、纒向遺跡から大量の桃の実が発見されるなど、古代日本と関係の深い桃をめぐる謎

雷神を迎え撃つ霊力

オホカムヅミは、『古事記』上巻、イザナキが黄泉国から逃走する場面に登場する。

イザナキは亡き妻イザナミに会いに黄泉国に赴き、一緒に地上に戻ろうと

誘う。イザナミは黄泉神に相談するので決して私を見ないでくださいと言って奥へと引っ込む。しかしイザナキは覗いてしまう。すると、そこにはイザナミの腐乱した姿があった。驚いたイザナキは逃げだし、イザナミは私に恥をかかせたと言って追いかける。まず、黄泉国の醜女《しこめ》を遣わすが、イザナキは呪物を投げながらなんとか振り払う。次に八柱の雷神を遣わして追う。

　これら黄泉国醜女も雷神も死の穢《けが》れの擬人化もしくは神格化である。イザナキは黄泉《よもつ》ひら坂の坂本に到り、その坂本にある桃の実三個を取って追いかけてきた雷神を迎え撃ったところ雷神たちはみな逃げ帰った。イザナキは「汝、吾を助けしが如く、葦原中国《あしはらなかつくに》のあらゆる現《うつ》しき青人草《あおひとくさ》の、苦しき瀬に落ちてうれひ悩む時、助くべし」と桃の実の功績を称え、桃の実の名前を意《オ》富加牟豆美《ホカムヅミ》命と名付けたのである。

『日本書紀』神代上の一書にも、桃の実で雷神を迎え撃つ話があり「此桃を用て鬼を避ぐ縁なり」とあるが、オホカムヅミの名は古事記にしか登場しない。

なお、『先代旧事本紀《せんだいくじほんぎ》』にもこの神話が取り上げられているが、オオカムヅミは「意富迦牟都美」と記載されている。

本居宣長《もとおりのりなが》はオホカムヅミを「大神之實」であろうと解したが、ミは「実」ではなく、ヤマツミやワタツミのように霊異をあらわすミで「オホ（大いなる）カム（神）ヅ（の）ミ（霊）」とし、「鬼をはらう威力を持つ大いなる神霊の意」（西郷信綱）と解するのが通説となっている。鬼神を払う呪力を持つ桃の実のその霊力に対して付けられた神の名である。桃に呪力があるとするのは、日本固有のものではなく中国の道教などの観念の影響下にあると考えられる。とくに、黄泉国からの逃走譚は、呪物による穢れの祓い、そして穢れを浄める禊《みそ》ぎ祓《ばら》いと続くが、この「穢れ」の思想こそ道教思想の中核であるとする指摘もある（福永光司）。

桃はいつから日本にあったのか

桃は中国原産と言われているが、日本では弥生時代ごろには栽培されてい

纒向遺跡から大量に出土した桃の実（桜井市教育委員会提供）

た。日本の桃が渡来種なのか日本原産なのかはよく分かっていない。日本の桃は古くは食用に適さず、観賞用であったらしい。食用として広がるのは江戸時代以降である。

二〇一〇年に奈良県桜井市纒向《まきむく》遺跡の三世紀前半と推定される大型建物跡の土坑から二〇〇〇個以上の桃の実が出土した。卑弥呼の宮殿跡ではないかという説のある遺跡である。これらの大量の桃の実は食料ではなく祭祀に使われたものとされるが、桃はすでに三世紀から呪力あるものとして認識されていたということになる。すでにこの時代には、桃を呪物とする観念が中国から入ってきていた、ということである。

中国では古く『詩経《しきょう》』に「桃夭」という詩がある。結婚する若い女性を讃美する内容だが、桃と若い女性とがイメージにおいて重ねられている。中国では古来から桃は女性と結びついて生殖力の象徴ともなった。これは日本において「モモ」という日本語が「股」や「百」を意味し、生殖や多産を意味することにもつながっている。

この桃の生殖や多産性は生命力として象徴化され、神仙思想と結びついてくる。桃は道教では不老長寿の仙薬とされた。『西遊記』の原話ともされる『大唐三蔵取経《だいとうさんぞうしゅきょう》詩話《しわ》』には、食べると三〇〇〇歳生き延びるという、一万年に一つしか実らない桃の実の話がある（「入王母池之処」）。玄奘《げんじょう》に命じられて猴行者（孫悟空）はその桃の実を採りに行くが三個池に落ちてしまう。池から三人の子どもがあらわれ、歳を聞くと、それぞれ三〇〇〇歳、五〇〇〇歳、七〇〇〇歳だという。このように桃は不老長寿の仙果であった。

年中行事「追儺」

一方で、桃はその強い生命力を持つが故に邪鬼を払う呪物ともなった。『春秋左氏伝《しゅんじゅうさしでん》』に、氷を三月に穴から出して儀礼などに用いるとき「桃弧棘矢、以除其災」とある。桃の弓と棘の矢で災いを祓ったらしい。桃は広く除災の呪物として用いられていたことがわかる。中国では邪鬼を祓う「儺《な》」の儀礼が古くから行われているが、この「儺」の儀礼にも桃は使われていた。「儺」の儀礼については、『周礼』に、宗教者である方相氏が四つ目の黄金の目を持つ仮面をつけ、熊の皮を被り疫鬼を追い出す儀礼をしたとある。儺神に扮した者が悪鬼を祓う儀礼である。この儀礼は、演劇的要素を加えながら東アジア全域に広がっていく。

王秀文は『漢旧儀』や『文選』巻三『東京賦』にこの桃の弓である「桃弧」が儺の儀礼に使われている例をあげ、「桃弓は中国の儺にも用いられた呪術の祭具であることがわかる」（『桃の民俗誌』）と指摘している。『日本書紀』

一書に描かれた黄泉国逃走譚に「此桃を用て鬼を避ぐ縁なり」とあるのは、邪鬼祓いである「儺」の観念がすでに日本に入ってきているからだと考えられよう。

『続日本紀』慶雲三年（七〇六）に「是年。天下諸国疫疾。百姓多死。始作土牛大儺」とある。これが日本の「儺」の最も古い記録である。平安時代の記録『三大実録』貞観十二年（八七〇）には、朱雀門の前で大祓の折に「儺」をいつものように行ったとある。日本では、「儺」は「追儺」とされ「なやらひ」「おにやらひ」と呼ばれた。延喜式の巻十二「追儺」の項には、桃の弓、桃の杖が用いられたとの記事が見える。日本の追儺でもやはり桃は呪物として継承されていたのである。

『日本書紀』の記述は、必ずしも「儺」に桃を用いるとは言っていないが、「鬼を避ぐ」とあることから、追儺の儀礼に関連づけて桃について述べたのだと理解していいだろう。

オホカムヅミは『古事記』以外ほとんど姿をあらわさない神なのであるが、

桃の呪力信仰とともに後代に継承されていったと思われる。王秀文は、『古事類苑』の神祇部三十六に、桃の木を雷除守の札にして、その札の中央に意《オ》富《オ》加《カ》牟《ム》豆《ヅ》美《ミ》命の名前を書くという記事のあることを指摘し、また同じところに次のような例があることを紹介している（『桃の民族誌』）。

（橘家雷除祭式）雷除守封事　五月五日午時ニ東方へ指タル桃ノ枝の実ヲ採、洗ヒ清メ日ニ晒シ用ユ、実ナクバ桃枝ノ東方へ指タルヲ用ユ、枝ヲ用ヒバ立春ノ朝カ、五月　五日　午時カニ採用ユ、長サ三寸計ニ切テ用ユル也、桃実ニ書封ズル神号、

伊弉諾尊

意富迦牟都美命　桃実ヲ白キ絹ヲ以テ包ミ、麻糸ヲ以テ結カラゲル也、

岐神

桃枝ヲ以テ封ズル時ハ、紙ニ件ノ神号ヲ書テ、枝ニ巻付ル也、桃実ニテモ枝ニテモ、守ヲ封ジテ壇上ニ置テ加持スル也、守ノ表ヲ別紙ニテ包、

糊ニテ封ジ、表ニ雷除守ト書

このようにオオホカムヅミは桃の呪力信仰とともに「雷除守の札」の札の中に生きていたのである。

邪を祓う桃の呪力信仰は民間にも広がっていく。例えば愛知県稲沢市国府宮・尾張大国霊神社で行われる「儺追《なおい》神事」（旧暦一月十三日）がある。大勢の裸男が儺追人となった神男に厄をつけようともみ合う「裸祭り」として有名であるが、次の日の未明「夜儺追神事」が行われ、儺追人の神男は土餅《どべい》と呼ばれる餅を背負い神職や参拝者から追われるのである。その時、参拝者は神男に桃と柳の枝を和紙で包んだつぶてを投げつけ、境外へ追い出す。そのつぶては集められて焼かれ神灰とされる。神男は背負った土餅を途中で捨てて逃げ帰る。神職がその餅を土中に埋める。いわゆる厄除けの神事であるが、この神事に桃の枝が使われていることは、桃の木の呪力の民間への拡がりを示すと言えよう。

「流し雛」のようす

三月三日の桃の節句もまた桃の呪力にかかわる祭りである。もともと古代中国で災厄を祓う曲水の遊楽が日本に入り、貴族による曲水の宴として行われるようになった。それが、人形に厄をつけて流す「雛送り」などにも発展し、やがて現在の雛人形を祭る雛祭りになっていったのである。この行事が桃の節句と言われるのも、桃の花を飾り「桃酒」飲む風習が見られるからだが、当然、桃が使われるのは桃に災厄を祓う呪力があるとされるからである（桜井満）。

桃太郎との関連

さらに桃の呪力は「桃太郎」の話につながっていく。桃太郎の原型は、柳田国男が述べるように、「一寸法師」「瓜子姫」などの、異常出生もしくは小さ子譚の系譜にある昔話であり、必ずしも桃でなければならないものではなかった。だが、それが桃に結びつくのは、不老長寿の仙果でありまた邪鬼を祓う呪物であったからであろう。

桃太郎の話は、成立は室町中期とされるが江戸時代に形がととのえられ、滝沢馬琴《たきざわばきん》の『童蒙話赤本事始《ワラベハナシアカホンジシ》』では五大昔話の一つとして登場する。桃太郎の話が広く世に知られるのは、明治になって巌谷小波《いわやさざなみ》によって現在おなじみの桃太郎のストーリーにあらためられ、国定教科書に載ったからである。昭和に入り桃太郎の話は、鬼（敵国）を退治する愛国的な昔話として国家によって喧伝され、国民の誰もが知る話になったのである。

オホカムヅミを祀る神社

現在、オホカムヅミを祭神とする神社に、愛知県犬山市来栖大平「桃太郎神社」（大神実命）、東京都多摩市関戸にある「熊野神社」（意冨加牟都美命）がある。

犬山市の「桃太郎神社」は桃太郎のアミューズメントパークとして知られていて、おそらくは昔話「桃太郎」と関連づけられて祭神となったものか。現在、日本には桃太郎神社と呼ばれるものはいくつかあるが、オホカムヅミを祭神とするのはここだけのようである。この神社、もともは近くの桃山の麓で子守社とか子供神と呼ばれていた小祠であって、昭和四年（一九二九）に日本ラインの開発に伴って現在の地に移転し、「桃太郎神社」に改められたという（『日本の神仏の辞典』）。

埼玉県行田市の行田八幡神社には、境内社としてオホカムヅミが祀られている。そこには「なで桃」と呼ばれる金色の桃のモニュメントが置かれてお

桃太郎神社（愛知県犬山市）

り、延命長寿・病魔退散・厄災消除とある。これらの神社からわかるように、よく知られた桃太郎の話や桃の呪力とともにオオカムヅミは今でも祀られていることがわかる。

東京都多摩市関戸の「熊野神社」は、村の鎮守社であり、延徳元年（一四八九）和歌山県の熊野三社を勧請したものである。祭神は、速玉之男《はやたまおの》命《みこと》、泉事解男命《みずことわけおのみこと》、意富加牟《おおかむ》都美命《つみのみこと》（東京都神社庁資料による）。オホカムヅミを祭ってはいるが桃太郎や桃との関係は特にないようである。災いを払う呪力そのものが祭られる理由となったと思われる。

オホカムヅミは、『日本神名辞典』を調べたところ旧官弊社、府県社にあたる神社の神名には出てこない。祭神とする神社は他にもあると思われるが、著名な神社には祭られておらず、あまり表に登場しない神であることは確かなようである。

【参考文献】

王秀文『桃の民俗誌』（朋友書店　二〇〇三年）
西郷信綱『古事記注釈』（平凡社　一九七五年）
福永光司「鬼道と神道」（『日中文化交流史叢書４　宗教』大修館書店　一九九六年）
柳田国男「桃太郎の誕生」（『定本柳田国男集』第八巻　筑摩書房　一九八三年）
桜井満『花の民俗学』（雄山閣　一九八五年）
『日本神名辞典　増補改訂版』（神社新報社　二〇〇一年）
『日本の神仏の辞典』（大修館書店　二〇〇一年）

イザナキに「何か」を言った神と白山信仰

ククリヒメ

菊理媛神

古橋信孝

『日本書紀』に一度だけ登場し、
何かを言ったことだけが記録される神。
正体を解き明かすカギは「水」にあるのか

イザナキに何を言ったのか

菊理媛は古代の文献ではただ一ヵ所、『日本書紀』神代上、第五段一書の十に登場するのみである。その部分を全文引いておく。

伊奘諾尊《いざなきのみこと》、追ひて伊奘冉尊《いざなみのみこと》の在《ま》す処に至りまし、便《すなは》ち語りて曰はく、「汝《いまし》を悲しぶるが故に来りつ」とのたまふ。答へて曰はく、「族《うがら》や、吾をな看《み》たまひそ」とのたまふ。伊奘諾尊従はずして猶《なお》し看《みそなは》す。故、伊奘冉尊恥ぢ恨みて曰はく、「汝已に我が情《あるかたち》を見つ。我も復汝が情を見む」とのたまふ。時に、伊奘諾尊も慙《は》ぢたまふ。因りて出で返《かへ》りなむとしたまふ。時に、直《ただ》に黙《もだ》して帰りたまはずして、盟《ちか》ひて曰はく、「族離れなむ」とのたまふ。又曰はく、「族負けじ」とのたまふ。乃《すなは》ち唾《つは》きたまへる神、号《なづ》けて速玉之男《はやたまのを》と曰《まう》す。次に掃《はら》ひたまへる神を、泉津事解之男《よもつことさかのを》と号す。凡《すべ》て二神《ふたはしら》なり。

イザナキはイザナミを追いかけてイザナミのいる黄泉の国へ行く。イザナミは自分の姿を見ないでくれというが、イザナキは見てしまう。イザナミは自分も見てやるといい、イザナキは恥じて出て行こうとし、離縁を宣言し、唾を吐く。その時生まれた神は速玉の男である。次に祓いで生まれた神は黄泉事解の男と名付ける。

其の妹《いろも》と泉平坂《よもつひらさか》に相闘《あいあらそ》ふに及《いた》りて、伊奘諾尊の曰はく、「始め族の為に悲しび及思哀《しの》ひけるは、是吾が怯《をぢな》きなりけり」とのたまふ。時に、泉《よも》守道者《つちもりびと》が白云《まを》さく、「言《のたまふこと》有り、曰《のたま》はく『吾《われ》汝と已《すで》に国を生みき。奈何《いかに》ぞ更生かむことを求めむや。吾は此の国に留まらむ。共に去《い》ぬべからず』とのたまふ」とまをす。是の時に菊理媛神も白《まう》す事有り。

イザナキはイザナミと黄泉津平坂で戦うことになった。泉津守道者（黄泉の入口の道の守り人）は、イザナミに、イザナキが『お前と国生みは終えた、黄泉の国からお前と一緒に去ることもない』といった」という。菊理媛もいうことがあった。

伊奘諾尊聞しめして善《ほ》めて、乃ち散去《あら》けたまふ。但し親《みづか》ら泉国《よもつくに》を見たまへり。これ既に祥《よ》からず。故、其の穢悪《けがらはしきもの》を濯《すす》ぎ除《はら》はむと欲《おもほ》し、乃ち往きて粟門《あはのみと》と速吸名門《はやすひなと》とを見《みそなは》す。然るに此の二門、潮《しほ》既に太《はなは》だ急《はや》し。故《かれ》、橘《たちばな》之《の》小門《をど》に還り向ひて払ひ濯ぎたまふ。時に水に入りて磐《いは》

白山比咩神社（石川県白山市）

土命《つつのみこと》を吹生《ふきな》し、水を出でて大《おお》直日神《なほびのかみ》を吹生したまふ。又入りて底土命《そこつつのみこと》を吹生し、出でて大《おお》綾津日神《あやつひのかみ》を吹生したまふ。又入りて赤土命《あかつつのみこと》を吹生し、出でて大地海原《おおつちうなはら》の諸神を吹生したまふ。不負於族、此には宇我邏磨概茸《うがらまけじ》と云ふ。

　イザナキは黄泉の国を見てしまったので、その穢れをはらうため禊ぎをしようとして、橘の小門に行った。水に入り、禊ぎして磐土命を生み、水を出て大直日大

神を生んだ。又水に入り底土命、出て大綾津日神を、又入って赤土命を、
出て大地海原の諸神を生んだ。

いわゆるイザナキが、イザナミのいる黄泉の国を訪れる神話にあたる部分である。「族」は、ここでは「夫婦の間柄の呼称で」、「死者と生者とを意識したためか」という（新日本古典文学全集『古事記』補注）。イザナキが死の汚れをもつイザナミと対立し、地上世界に戻り、禊《みそ》ぎをして汚れを祓う場面である。

平安前期の辞書『和名類従抄』に「菊池」をククチと訓んでいることなどによって、「菊理媛」はククリヒメと訓む。新日本古典文学全集の補注は、「その名義は漏り媛で、黄泉の国と地上の国との間を漏れ流れて境の地に立つ女神か、あるいは最終的に二神の争いをまとめる『括り』の意をもつ女神か、不明」としている。

そして、この場面における菊理媛の役割もよくわからない。「白す事あり」

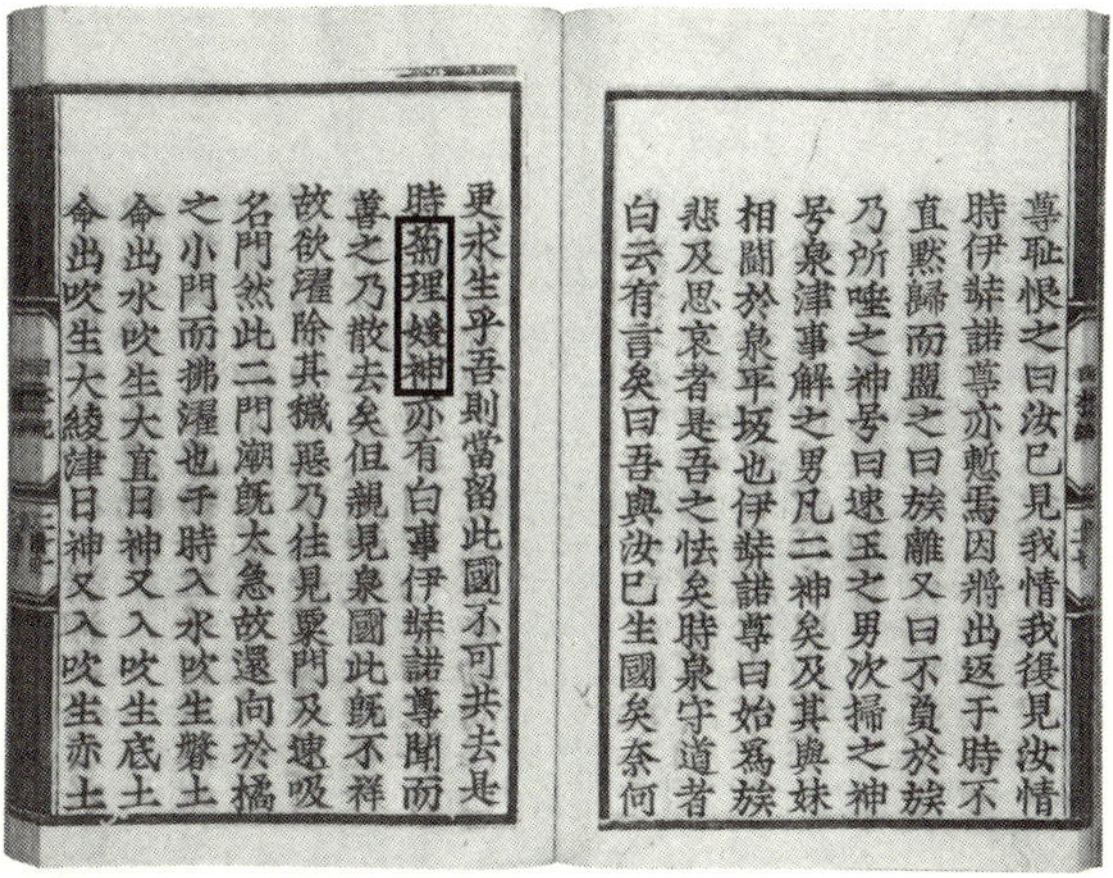
尊恥恨之曰汝已見我情我復見汝情
時伊奘諾尊亦慙焉因將出返于時不
直黙歸而盟之曰族離又曰不負於族
乃所唾之神号曰速玉之男次掃之神
号泉津事解之男凡二神矣及其與妹
相闘於泉平坂也伊奘諾尊曰始爲族
悲及思哀者是吾之怯矣時泉守道者
白云有言矣曰吾與汝已生國矣奈何
更求生乎吾則當留此國不可共去是
時菊理媛神亦有白事伊奘諾尊聞而
善之乃散去矣但親見泉國此既不祥
故欲濯除其穢悪乃往見粟門及速吸
名門然此二門潮既太急故還向於橘
之小門而拂濯也于時入水吹生磐土
命出水吹生大直日神又入吹生底土
命出吹生大綾津日神又入吹生赤土

『日本書紀』（国立国会図書館所蔵）

とあるが、何をイザナキにいったのか、記されていないのである。こういう文章はおかしい。言ったことが秘事として記されていないか、読みが誤っているかのどちらかのはずだ。

秘事ならば辿る手がかりがないから、諦めるほかない。読みの誤りとしたら、「菊理媛神亦有白事」を、「白の事あり」と読めるかである。というのは、菊理媛は、白《はく》山《さん》信仰の本居地、新潟県の白山にある白山比咩神社の祭神、白山比咩とされているからである。ただ、菊理媛の前に「泉守道者白云」とあり、この「白」と対応しているから、やはりここでは「白す」としか読めないと思われる。

キクリヒメと禊

柳田国男は『日本書紀』の「是時菊理媛神亦有白事」を引いて、

「白事」などとは全然関係がなかったにしても、白山の神を白神と云ふのは有得べきことで、殊に此社の下級の神人が、殆ど漂白とも言ふべき旅行を以て、権現の信仰を全国に伝播した事実に考へて、オシラ神と云ふ物の少なくとも起源のみは、白山神明の神根に用立てた移動的霊位即ち手草であつたと見るのがよいかと思ふ。(『巫女考』)

と、「白事」に先と同じ推定をし、菊理媛が白山の神と結びついた理由を考えたうえで、白山信仰をもって諸国を旅する下級の神人の持つ手草《たぐさ》がオシラ神の起源となったことを述べている。しかし、柳田はこの白山信仰がどのような信仰で、シラがどのような意味かを述べていない。

一方、折口信夫は、菊理媛を「みぬま類の神」と推定し、

物語を書きつめ、或は元々原話が、錯倒してゐた為、すぐ後の檍原《アハギハラ》の禊ぎの条に出るのを、平坂の黄泉道守の白言と並べたのかも知れぬ。其言ふ事をよろしとして散去したとあるのは、禊ぎを教へたものと見るべきであらう。くくりは水を潜《クグ》る事である。(『水の女』)

と、禊ぎ関係の女神とする。

「ククリ」は、『万葉集』に、

敷栲《しきたえ》の枕ゆ久久流《くくる》涙にそ

浮寝をしける恋の繁きに

（巻四・五〇七）

などとある。恋しくて流す涙が枕からいっぱいに零れてそこに浮き寝をするというのだから、水に浸る、潜る、の意である。よって、ククリヒメが禊ぎの神であるという説は、語の意味からも納得できる。

ククリで気になる例は、『日本書紀』景行天皇四年条に、天皇が美濃に行き、弟媛《おとひめ》を得ようとして、「泳宮《くくりみや》」の池に鯉を放ち、それを見ようとしてやって来た弟媛を留めたという記事である。「泳宮」には「区玖利能弥揶」という古訓がついている。

　この弟媛は天皇の求婚に、「妾《やつこ》、性《ひととなり》、交接《とつぎ》の道を欲せず（私は性格から男女の交わりを好みません）」といって、自分の姉の八坂入媛《やさかのいりびめ》を推挙する。

この話は、天皇の求婚を断るというだけでなく、性的な関係は嫌いだといって結婚を拒否する珍しい話である。男女の交わりを人間同士のものととれば、弟媛は神と神婚する巫女という像があるゆえ、こういう話になったと考えることができる。しかも、水辺にやってくるのだから、まさに折口の「水の女」であり、禊ぎと関係する可能性がある。

菊理媛の名義としてはこの折口の禊ぎの神説がいいと思う。

このククリの宮については、『万葉集』に、

ももきねの　美濃の国の　高北の　八十一隣《くくり》の宮に　日向《ひむかひ》に　い行き靡かふ　大宮を　ありと聞きて　わが通ひ道の　奥十山《おさそやま》　美濃の山　靡けと　人は踏めども　かく寄れと　人は衝《つ》けども　心無き山の　奥十山　美濃の山

（巻一三・三二四二）

という長歌がある。意味のよく分からない歌だが、ククリの宮に行く道中の山を詠んだもので、ククリの宮にかかわる、行くのが困難であるというような伝承があったことを思わせる。よってククリの宮とは、いわば異郷の宮な

のではないか。

この歌は、同じ美濃、ククリの宮という珍しい宮の名だから、景行天皇条の話と関係しそうである。そうすると、この歌は弟媛のものとして伝承されているかもしれないし、その伝承を踏まえて詠まれたものかもしれない。

ククリの宮についてはこの二つ以外に史料がなく、残念ながらどういう伝承があったのか不明である。

白山信仰とのつながりの謎

では、なぜククリヒメは白山信仰と結びついたのだろうか。まず考えられるのが、柳田を引いたように、「白事」の「白」を「シロ」ととってしまうことだろう。柳田はオシラ信仰に結びつけていったが、一方で「シラ」をお産とする民俗を述べている（『海上の道』など）。

シラ、シロは母音交替と考えれば、シロは誕生に繋がり、禊ぎの後の磐土命、大直日神、底土命、大綾津日神を生んだことと関係することになる。オ

オシラサマ（岩手県遠野市）

シラ神が養蚕と関係する場合もあるが、蚕は「飼い子」であり、シラコとも呼ばれ、白山信仰とも繋がっていく。

白山信仰は中世以降修験と深くかかわっているものの、禊ぎや誕生などとの関連はわからない。ただし、修験道では生まれ潔《きよ》まわりの儀礼はある。湯釜の儀礼もある。

というわけで、菊理媛については神話も再現できず、神の性格も不明瞭で、これ以上探りようもないのだが、最後に、後の展開として、これは私が気づいたことではなく、編集部からのメモにあったことなのだが、浄瑠璃の「播州皿屋鋪《ばんしゅうざらやしき》」のお菊についてふれておきたい。浄瑠璃「播州皿屋鋪」は幕末の十八世紀半ばに書かれ、上演されたものだが、皿屋敷物として人気があった怪談にお家騒動を取り入れることで構想された。

お菊は家宝の皿を盗んだ罪をきせられ、殺害され井戸に捨てられるが、亡霊として登場し、夫を救い、敵を討つという筋立てである。

私の母は京橋の米問屋に生まれた、いわば大店の娘で、子供時代から歌舞伎に親しんでいた。私は小学校にあがる前のころ、井戸で洗濯する母の側にしゃがみ込んで、いろいろの話を聞くのが好きだったのだが、歌舞伎の話が多かった。この播州皿屋舗の話もしてくれた。お菊の亡霊が「一枚、二枚」と皿の数を数えていく場面が、子供であった私にリアルに思い浮かべられ、身の毛のよだつ恐怖を覚えさせられた。他にも怪談をずいぶん聞いたと思う。たぶんそのせいで、私は毎夜若い女の幽霊の夢に悩まされることになった。そういう幻想は今でも残っており、暗闇が怖くなることがある。

この「播州皿屋舗」のお菊という名が、菊理媛と関係しているのではないかというわけだ。お菊が井戸に投げ込まれ、亡霊として出てくるのが、水辺の巫女的な女の再生の像と繋がることがありそうである。

菊は中国からもたらされた花だが、平安期に流行し、定着する。平安朝の歌物語『平中物語』では、菊を栽培し人に献上したりしている。主人公の「男」である平貞文《たいらのさだふん》は「色好み」を求めたが、失敗する話が多い。清水章雄さんの説では、平安朝では菊は落ち零れ者が栽培するという像があるのではないかという。なお、天皇家の紋が菊になるのは中世という。

江戸期に菊は菊人形など、栽培する花として人気があった。そういうなかでお菊という女の名も多い。よって、一概に「お菊」と菊理媛と結びつけることはできないが、遠い記憶のなかで繋がることはあるかもしれない。

アマテラスの弟ながら姿を見せない月の神

ツクヨミ

月夜見尊
月弓尊

勝俣　隆

イザナギの禊の際に生み出されたとされる、夜を統べる月の神。すぐ退場してしまう影には太陽の存在があった。

ツクヨミの出自

月の神ツクヨミは、伊邪那岐命《いざなきのみこと》の禊《みそぎ》で生まれた三貴子《さんきし》であるにもかかわらず、古事記では、誕生して夜《よる》の食国《をすくに》を支配したという記述があるのみで、以後全く登場しない。『日本書紀』では、何箇所か登場するが、天照大神《あまてらすおほかみ》や須佐之男命《すさのをのみこと》と比べると、著しくその存在感は薄い。なぜ、ツクヨミは、それほど軽く扱われているのか、その理由を探ってみたい（注1）。

ツクヨミとは何か

まず、ツクヨミとは、そもそもいかなる神か、名義から検討したい。ツクヨミには、実は、様々な表記がある。表記は、その内実を表わすと推測されるので、表記ごとに、いかなる神か簡略に説明したい。

1 月読命《つくよみのみこと》（月読尊《つくよみのみこと》）

「月読《つくよみの》」とは、月を読む（月の満ち欠けを見て、日《ひ》を声に出して数える）意味である。即ち、月立《つきた》ち（朔《ついたち》）から数えて何日目の月であるか判別する暦と関わる神である。暦《こよみ》（日読《かよ》み）というと、太陽を見て、日を読んでいるように錯覚するが、実はそうではない。「日読み」の名称は、二日《ふつか》の月、三《み》日《か》の月などと、「月の形で日《か》を読《よ》む」ところから生まれたものである。

つまり、「月を読む」ことは、「日《ひ》を知《し》る」ことでもあった。「日《ひ》を知《し》る」ことを「日知《ひじ》り」という。いわゆる「聖《ひじり》」である。古代社会において、「日を知る」ことは、「時間を支配する」ことでもあり、支配者にとって、最重要なこととされた。従って、「日を知って時間を支配する者」は世の中の支配者になれたのである。「橿原《かしはら》の聖《ひじり》の御代《みよ》ゆ」（『万葉集』、巻一・二九）で、「聖《ひじり》」が「天皇」を表わすのは、まさにその意味においてである。時代は下るが、南北朝時代に、南朝も北朝も、それぞれ独自の年号を持って、その正当性を争ったところに、「時間の支配の重要性」が典型的に現われていよう。その意味においては、この「月を読んで日を知る」月読命（月読命）という名義は、「日知り」＝「この世の支配者」を意味する名義でもあったことになり、改めて、その重要性に注目する必要があろう。

2　月夜見尊《つくよみのみこと》

この神は、「月として夜を見《み》そなはす神」あるいは、「月として夜見《よるみ》える

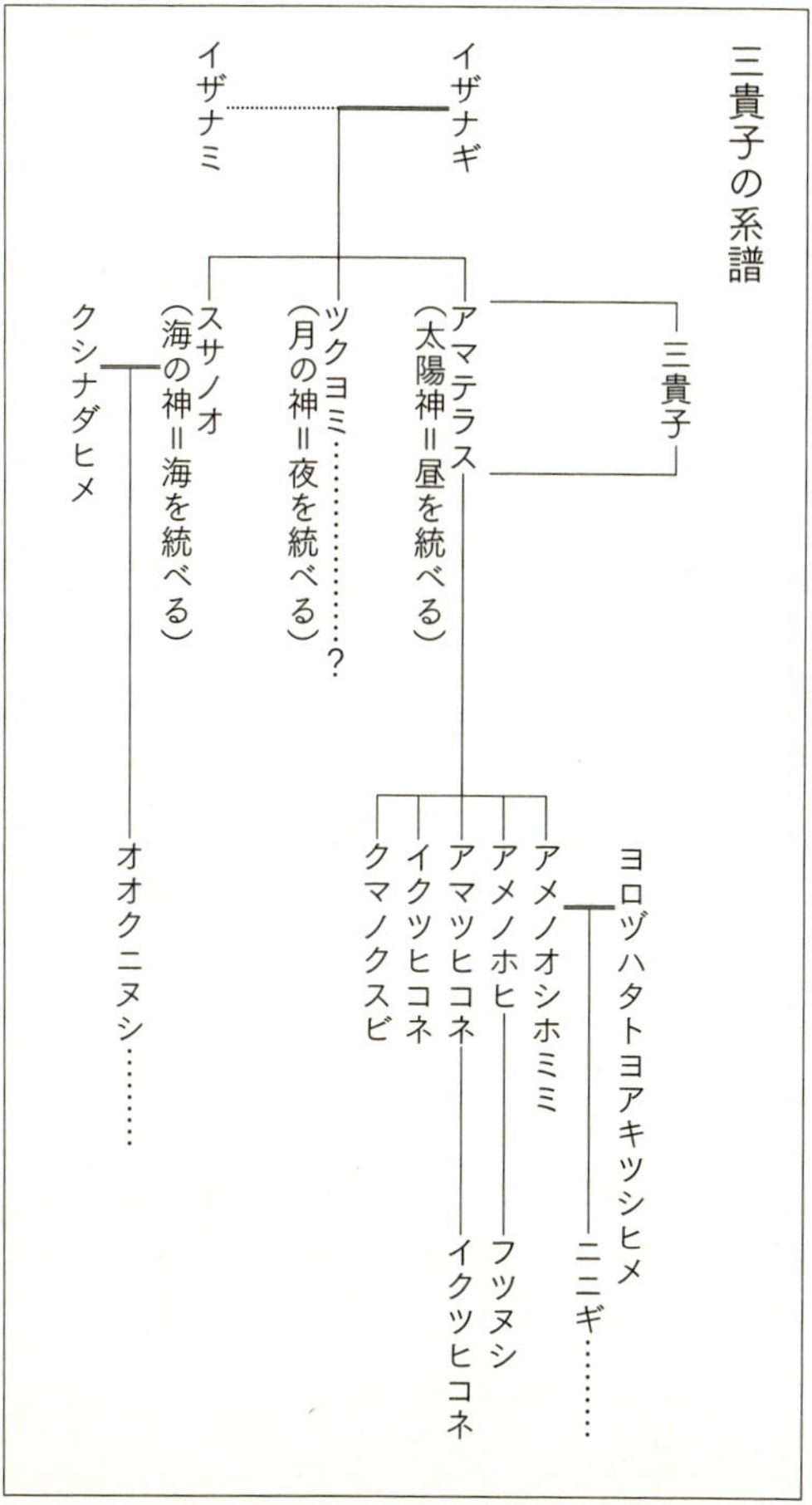
イザナギ
イザナミ
アマテラス
(太陽神＝昼を統べる)
ツクヨミ……………?
(月の神＝夜を統べる)
スサノオ
(海の神＝海を統べる)
クシナダヒメ
三貴子
ヨロヅハタトヨアキツシヒメ
アメノオシホミミ
アメノホヒ
アマツヒコネ
イクツヒコネ
クマノクスビ
ニニギ………
フツヌシ
イクツヒコネ
オオクニヌシ………

三貴子の系譜

神」の意味で、夜の世界で燦然と輝く月に対する畏敬の念から生まれた呼称であろう。「夜の食国」（『古事記』）の支配者としては、ふさわしい名称である。実際、『日本書紀』の一書第十一では、月夜見尊が保食神《うけもちのかみ》を殺してしまったことを怒って、天照大神は、「月夜見尊と、一《ひと》日《ひ》一夜《ひとよ》、隔て離れて住みたまふ」とあって、太陽が昼間、月が夜と、時間と空間を隔てて住むようになったと明記している。

ところで、これを裏返して考えれば、太陽と月が、昼と夜で明確に住み分けをする前は、両者が一緒の昼間の時間・空間に存在していたという神話的理解が存在していた可能性が浮かび上がってこよう。

実際に、『日本書紀』正文では、「次に月の神を生みまつります。（一書に云はく、月弓尊《つくゆみのみこと》、月夜見尊、月読尊といふ）其の光彩《うるは》しきこと、日に亜《つ》げり。以て日に配《なら》べて治《しら》すべし。故《かれ》、亦《また》天《あめ》に送りまつる。」とあり、一書第一には、「即ち大日孁尊《おほひるめのみこと》及び月弓尊は、並びに是、質性明麗《ひととなりてりうるは》し。故《かれ》、天地《あめつち》に照し臨ましむ」とあって、読み方次第では、太陽と月が並んで、昼間の世界を明るく照らしたという理解も可能となる。つまり、最初、太陽と月は並んで、この世界を明るく照らしていたが、両者の争いで、昼夜に分かれて住むようになったという神話が想定されよう。

3 月弓尊《つくゆみのみこと》

月を弓型に捉え、三日月あるいは上弦・下弦の半月の形状から、弓を連想したところから生じた名称である。弓張月《ゆみはりづき》が、上弦・下弦の半月を指すことも参考になろう。月と弓の関係は、日本だけでなく、ギリシア神話のアルテミスやローマ神話のダイアナが弓の名手である点にも窺える。なお、『万葉集』には、以下のツクヨミが登場する。

4 月読《つくよみ》

『万葉集』には「月読」（巻一・六七〇等）・「月余美」（巻十五・三五九九等）等の表記がある。巻十三・三二四五で「月読の（月夜見乃）持てる変若水《をちみづ》」

とあるのは、ツクヨミが若返りの水を持ち、月が不老不死の世界とされたことの反映である。保食神《うけもちのかみ》殺しのツクヨミの表記が「月夜見尊」であったように、「月夜見」の表記には、死や復活、不老不死との密接な関係が想像される。

5 月読壮士《つくよみをとこ》

月自体を男性の神として擬人化したもので、「月読」の名義は既述した通りである。巻七・一三七二の「み空行く　月読壮士　夕さらず　目には見れども　寄るよしもなし」の歌は、手の届かない高貴な男性に憧れる女性の気持ちが詠まれ、高貴な支配者としての「月読」の原初的な意味を見出すことも不可能ではない。

6 月人壮士《つきひとをとこ》

月を男性に擬人化したもの、あるいは、月の中にいる男性の意。巻十・二二二三は「天の海に　月の舟《ふね》浮《う》け　桂《かつら》梶《かぢ》　掛《か》けて漕ぐ見ゆ　月人壮士」であって、「月の舟」と並んで登場するので、月そのものではなく、月中の男性の意と解釈できる。

7 左《さ》佐《さ》良《ら》榎《え》壮士《をとこ》

月が三日月などの細長い形状になった姿を男性に擬人化したもの（注2）。巻六・九八三に登場し、左注で、「月別名《またのな》曰左《さ》散《さ》良《ら》衣《え》壮士《をとこ》也」とする。

以上のように、ツクヨミには、様々な呼称がある。特に、『万葉集』では、「壮士《をとこ》」と明記され、月を男性として捉えたことが明らかである。これは、ギリシア神話のアルテミス、ローマ神話のダイアナ、中国神話の嫦《じょう》娥《が》などが女性の神であることと好対照をなしている。

射日神話としての可能性を探る

前節で述べたことで、本稿の趣旨に深くかかわるのは、「月読」の名義が、「日知り」＝「聖」と重なり、支配者の意味があったということである。日本神話、特に古事記において、最重要な神は、天照大神である。太陽神であり、天皇家の祖先神でもある。天皇家の支配の絶対性のためには、天照大神に匹敵する神は存在してはならない。

通常、天照大神に対峙するのは須佐之男命なので、須佐之男命ばかりに目が行くが、天照大神・月読命・須佐之男命を並べた時、日本書紀正文にも描かれたように、「其の光彩《うるは》しきこと」は、月読命が、須佐之男命に勝っていたはずである。一つの見方としては、須佐之男命は、月読命を隠すためのダミーだったのでないか。月読命は、天照大神を脅かす存在であったために、その神話が秘されて、表に登場しないのでないか、そうした想像が可能だと思われる。それを理解するために、太陽と月の間で、争いや戦いというものがあったのではないかという推測を立ててみたい。それが射日神話である。

これは、中国神話で、羿《げい》が天上に現れた十日を射落とし、一日だけ残した話が有名である。最近では、日本にも、射日神話があったのではないかという論が出ている（注3）。筆者も、その論に基本的に賛成であり、月読命の神話がまさにその一例ではないかと考える。

『万葉集』巻十・二〇五一に次の歌がある。

天の原　徃射跡　白真弓《しらまゆみ》
ひきてこもれる　月人壮士

これは、七夕の歌に入っているので、七夕の時の月、いわゆる上弦の月と推測される。二句目の「徃射跡」は、「行きてや射むと」「行きてを射むと」「行きて射てむと」などの様々な訓がなされてきたが、どれも釈然としない。

また、月が西の果てまで行って、七夕二星が逢うのを妬んで狙っているという解釈が多いが、月が牽牛《けんぎゅう》・織女《しょくじょ》を妬むという話は穏やかでない。七夕の夕方、月は真南の中天にあり、西の地平線に沈むのは真夜中である。真夜中には、七夕の牽牛・織女自体も、同じ西の地平線あたりに移動してしまい、矢を射るとかいう状況ではなくなる。

そもそも上弦の月は、沈む太陽の方向へ矢先が向かうのであって、七夕の二星を狙っているのではない。それでは、どう訓むべきか。筆者は、「往射跡」は、「行《ゆ》く先射《さきい》むと」と訓みたい。「往」の漢字は、『類聚名義抄《るいじゅみょうぎしょう》』に「ユクサキ」（佛上三七）の訓がある。「往」は四音節で良いのだから、ぴったりである。「行く先」の用例は、『万葉集』巻二十・四四三六に「由久左伎《ゆくさき》之良受《しらず》」の例があり、問題ない。すなわち、当該歌は、「天の原で自ら〈月〉が進む方向を射ようとして、白い真弓の弓幹《ゆがら》を握り、弦《つる》を引いて姿を隠し、射る機会を狙っている月人壮士だ。」の意と理解される。それでは、月が行く先の西の空に狙っているのは何か。

参考になるのは、光武帝の詩「七夕」である。詩では、「白日晩照《はくじつばんしょう》傾《かたむ》き、弦月初光升《げんけつはっこうのぼ》る」と描く。これは、まさしく「夕方、西の地平線に夕日が沈もうとしている時に、上弦の月が輝き出して、中天に昇っているのに初めて気がついた」の意であろう。つまり、その弦月の弓の行く先には、夕日があるのであって、まさしく、今まさに沈もうとしている夕陽を射ようとする構図である。

『万葉集』の当該歌は、この漢詩と同様に、上弦の月が、落日を射ようとする様を詠んだものと言えよう。

では、なぜ上弦の月はまさに沈みゆく日を射ようとするのか。そして、射られるのを避けようとして、太陽は必死に地平線下に潜って行こうとしているのか。そこには、太陽と月が天上の支配者としてどちらがふさわしいかを争った神話の存在が想起されよう。両者は、お互いに、自己の優位性を主張して戦った。それは、弓矢を使う戦闘という形式で行われた。日本神話にも、一書第一のように、天照大神以外に、稚日女尊《わかひるめのみこと》のような別の太陽神が存在していた。この女神は、素戔烏尊《すさのをのみこと》の乱暴に驚いて落命する。これが、素戔《すさ》烏尊《のおのみこと》の代わりに、月読命の射た矢で落命したならば、立派な射日神話である。

しかし、羿が一日《いちじつ》は残した如く、すべての太陽を消すことはできず、結局、素戔烏尊が追放されたように、月読命も追放される運命となったのでないか。そこが、「夜の食国」という暗黒世界であったのだろう。万葉集巻十・二〇五一の歌は、そうした射日神話の形骸が、七夕歌の一つとして拾われて、今日まで伝わったのでないか。

ツクヨミの正体とは

以上、考察してきたように、ツクヨミは、月読命の表記に代表されるように、その名義に「月の形を読んで日を知る」という意味があり、それは、とりもなおさず、「時間を支配することで、この世を支配する」という意味に繋がる存在であった。また、その大きさや明るさも、太陽に匹敵するものがあり、天上世界の支配者としての両者の争いが起きるのは必至であった。た

皇大神宮の別宮・月読宮（三重県伊勢市）

月読神社（京都府京都市西京区）

またま、月は、弓の形で把握されることが多かったので、弓で太陽を射る射日神話と結びついた。

しかしながら、射日神話の結論は、常に太陽側の勝利で終わるのが普遍的発想であり、月の場合も、太陽との戦いに敗れて、「夜の食国」へ追放されることになり、月は、神話の表舞台から消え去った。天皇家の祖先神天照大神が月と争い、矢を射られたなどという神話は、すべて抹殺された。ただ、その神話の残滓が『万葉歌』巻十・二〇五一に残った。日本の現存神話で月が活躍しない理由は、以上の点にあったのではないかと推論したい。

ツクヨミを祀る神社

皇大神宮の別宮・月読宮（三重県伊勢市中村町）
豊受大神宮の別宮・月夜見宮（三重県伊勢市宮後）
月読神社（京都府京都市西京区）
月読神社（長崎県壱岐市芦辺町国分東触）

【注】

（1）拙稿「月の神月読命の神話―光輝・潮路（暦）・死と復活の神」（拙著『星座で読み解く日本神話』（大修館書店、二〇〇〇年六月所収）でも、月の神の特色を述べたが、本稿では、別の観点から論じてみたい。

（2）拙稿「ささらの小野について」（拙著『異郷訪問譚・来訪譚の研究　上代日本文学編』、和泉書院、二〇〇九年十二月、第四部第一章、211頁～231頁を参照されたし）。

（3）長崎歌織「射日神話としての天石屋戸神話」（『東アジアの古代文化』一一二号、二〇〇二年夏）、賀南「天若日子神話における『射日』要素について」（『国語と教育』三六号、二〇一一年十二月）。

死して食物の起源となった神の実像は

ウケモチ

保食神

菅田正昭

『日本書紀』にもほとんど登場せず、月夜見尊に殺されてしまったウケモチ。謎多き神の名を精査してみると……。

ウケ＝ウカ＝ケ

保食神《うけもちのかみ》のウケは、稲荷神社の祭神のウカノミタマ（記・宇迦之御魂、紀・倉稲魂）のウカや、伊勢神宮の外宮におわします豊受大神《とようけのおほみかみ》のウケと同義と

ウケモチを殺した月夜見尊を祀る西寒多神社（大分県大分市）

される。

豊受大神は『古事記』の「神々の生成」の段でイザナギが火之迦具土神《ひのかぐつちかみ》を産んで「美蕃登《みほと》（御陰）炙《や》かえて病《や》み臥《こ》せり」とき「尿《ゆまり》」に成った和久産巣日神《わくむすひのかみ》の子《みこ》の豊宇《とよう》氣毘賣《けびめ》のことで、『記』の邇邇藝命《ににぎのみこと》の「天降《あもり》」の段には「登由宇氣神《とようけのかみ》、こは外宮《とつみや》の度相《わたらひ》にます神なり」と出てくる。さらに、伊勢の外宮に遷《うつ》ってくる以前は、『丹後國風土記』逸文「奈具社《なぐのやしろ》」条に登場する八人の天女娘《あまつをとめ》の一番末の豊宇賀能賣命《とようかのめのみこと》であった。あるいは、伊勢外宮に伝わる伊勢神道の教典の『神道五部書』では「止由氣太神《とゆけのおほかみ》」として記されている。つまり、ここから、

ウケ＝ウカ＝ケ

という音韻上の構造と意味が導き出せる。もちろん、ウケ・ウカのケ・カだけでも同じことがいえる。

このウケモチのウケ、あるいはケは食物の意である。ウカノミタマや豊受大神のことを御饌津神《みけつかみ》というが、そのミケツのケである。実際、古語では食べ物のことを総称してケと呼んでいる。さらに、伊豆諸島の八丈島や青ヶ島で使われている方言（万葉集東歌《あづまうた》方言）では、アサケ（朝食）・ヨウケ（夕食）などと、今でも食事のことをケと言っている

食べ物を入れる器《うつわ》も『万葉集』巻二の有間皇子《ありまのみこ》の「家にあれば　笥《け》に盛《も》る飯《いひ》を　草枕《くさまくら》　旅にしあれば　椎《しひ》の葉に盛る」（歌謡番号142）とあるようにケと呼ばれていた。実は、このケは〈気〉という語から発している。我々が呼吸をするときの「気《き》」でもあるが、食物のエッセンスとしての気（キあるいはケ）も意味する。

神に捧げる食事のことをミケ（御饌・神饌）というが、神様は食べ物のエッセンスだけを吸収されるのである。神様に奉納する酒をさすミキ（御酒・神酒）のキもこの「気《き》」である。サケ（酒）という語じたいがサ（純粋を意味する美称）ケ（食べ物のとしての気）を意味している。

いうならば、食べ物の中の〈気《き》〉がケである。音韻学的には、ケもカもキの交代形であるが、このキやケは生命力を意味している。本来、人が食べ物を口にすることができなくなって、生命力を減少させることがケ（気）ガレ（枯れ）＝「穢れ」なのである。すなわち、人間を含めた〈生きもの〉が生きていることの証明が、「食べ物」としての〈ケ〉の摂取なのである。

ウケモチのウケはその「ケ」であり、モチは「持ち」、この場合「司《つかさど》る」の意となる。ミコトモチのモチの場合は、神の言葉を持つ（伝達し保持する）人の義から神や人の尊称としてのミコト（命・尊）の意が生じてきたが、ウケモチのモチが「司る」の意になったのは、同じく「保《たも》つ」の義から発している。すなわち、ウケモチとは「食物《しょくもつ》を保持し与えてくれる」神ということになる。

食物起源神話

このウケモチ（保食）神は同じく御饌津神のウカノミタマと同一神視されることから、名前だけは知られているが、実際にはかなりマイナーな神である。なにしろ『日本書紀』神代上第五段（通称「四神出生章」）の第十一の「一書《あるふみ》」にのみ出てくる神なのである。しかも月夜見尊《つきよみのみこと》によって不条理にも殺されてしまう。ここで訓読文と口語訳を適宜交えながら保食神が登場する場面を見ていこう。

伊弉諾尊《いざなぎのみこと》は、天照大神には高天原を、月夜見尊には日《ひ》（日神《にっしん》）とならんで天上を、素戔嗚尊《すさのをみこと》には滄海之原《あをうなばら》を治めなさい、と勅任《ことよさ》し（言寄さし＝御委任）された。天照大神はすでに天上にあって、「葦原中国《あしはらのなかつくに》に保食神有りと聞く」とおっしゃって、その様子を見に行くよう月夜見尊に命じた。月夜見尊が地上に降りて保食神のところへ行くと、保食神は首を回して、人々が住んでいる国のほうを向いて、口から飯《いひ》を出した。また、海に向くと、鰭《はたの》広《ひろもの》（大きな魚）・鰭狭《はたのさもの》（小さい魚）を口から出した。さらに、山に向くと、毛麁《けのあらもの》（毛皮の粗々《あらあら》しいもの）・毛柔《けのにごもの》（毛の柔らかいもの）などの野獣が口から出てくる。それらを幾台もの食膳用の机に載せて饗応した。それを見ていた月夜見尊は「穢《きたな》き矣《かも》、鄙《いや》しき矣」と言って怒り、剣《つるぎ》を抜いて保食神を叩き殺した。その後、月夜見尊が天に復命したが、天照大神はとても怒り、「汝《いまし》は是《こ》れ悪《あ》しき神なり。相見《あひみ》じ」と仰せられて、「月夜見尊と一日一夜《いちにちいちや》、隔《は》離《な》れて住む」ことになった。

そのことがあった後、天照大神がまた天熊人《あまのくまひと》を遣《つか》わして様子を見に行かせたところ、保食神は「実《まこと》に已《すで》に死《まか》れり」状態になっていた。ただし、その神の頂《いただき》（頭）には「牛馬《うしうま》」、額《ひたひ》の上には「粟《あは》」、眉《まゆ》の上には「蠶《かいこ》」、眼の中には「稗《ひえ》」、腹の中には「稲」、陰《ほと》（女性器）には「麦」及び「大小豆《まめあづき》」が発生していた。

天熊人はそれらをことごとく採り持って献上した。天照大神は喜んで「是《こ》の物は、顕見《うつ》しき蒼生《あをひとくさ》の、食《くら》ひて活《い》くべきものなり」とのたまって、粟・稗・麦・豆を「陸田種子《はたけつもの》（畠のもの）」、稲を「水田種子《たなつもの》（田んぼのもの）」とし、天邑君《あまのむらきみ》（農民たちの神聖な長《おさ》）を定めた。その稲種《いなたね》を天狭田《あまのさなだ》（天の狭い田）及び長田《ながた》（長い田）に植えた。その秋の稔り垂れた穂（垂穎《たりほ》）が見渡す限り繁って、とても気持ちがよかった。また、口に繭《まゆ》（蚕）を含んで、糸を引き出すことが始まり、これから養蚕《ようさん》（こがひ）の道が生じた。

これは文化人類学者がいわゆる「食物起源神話」と呼ぶものである。『岩波・日本古典文学大系67　日本書紀　上』の「注」によれば、保食神の死体に生《な》った物と生った場所との関係は、朝鮮語を介すると解けるという。すなわち、頭（mɒrɒ）－馬（mɒr）、額（chɒ）－粟（cho）、眼（nun）－稗（nui白米に混じた稗類）、腹（pɒi古形はpɒri）－稲（pyö）、女陰（pöti）－小豆（p'ɒt）である。補注は「書記の編集者の中に、朝鮮語が分る人」がいたと推測している。

天熊人とは何者か？

ところで、遺体を検分した天熊人には神や命（尊）の号が付いていないが、高天原の住人である。国文学者・民俗学者の折口信夫は天熊人に「大」を入れて天熊《あめくまの》大人《うし》としているが、これを『紀』神代下・第九段の大背飯三熊之《おほそびのみくまの》大人《うし》（亦の名、武三熊之大人《たけみくまのうし》＝『延喜式』祝詞の「遷却崇神祭《たたるかみをうつしやらふまつり》」では健《たけ》三熊之命《みくまのみこと》）と同一神視する説もある。皇孫瓊瓊杵尊《すめみまににぎのみこと》の降臨に先駆けて、高天原から降臨したものの、大己貴神《おほなむち》に媚《こ》びて三年間も復命しなかったという天穂日命《あめのほひ》の御子で、武三熊之大人自身も二番手として降臨したのに、これまた復命しなかった天孫の一人として描かれている。ただし、同じ高天原の空間にあるとはいえ、「神代上」と「神代下」という時間の位相が気になるところである。

岩波版はクマヒトのクマを「神に奉る米」として捉え、天熊人を「このクマに奉仕する人であろう」としている。しかし、死体に生った獲物を狙う熊だったかもしれないし、大本聖師出口王仁三郎《おほもとせいしでぐちおにさぶろう》になる前の上田喜三郎《うえだきさぶろう》が高熊《たかくま》山《やま》で修行をしたときに出現した巨熊《おほくま》のような霊物であったかもしれない。もちろん、熊は『延喜式』神名帳の出雲國意宇《おう》郡や紀伊國牟婁《むろ》郡の熊野坐神《くまのにますかみの》社《やしろ》（名神大）に象徴されるように「神聖な場所」を示す語でもある。

ちなみに、天熊大人命（あるいは武三熊之大人）を祀る神社は少なく、因《いな》幡國高草《ばのくにたかくさ》郡（鳥取県鳥取市御熊）の阿太賀都健御熊命《あたかつたけみくまのみこと》神社や、近江國蒲生《がもう》郡（滋賀県蒲生郡日野町村井）の馬見岡綿向《うまみおかわたむき》神社、下総國岡田郡（茨城県常総市国生＝旧・結城郡石下《いしげ》町国生）の桑原神社ぐらいである。

天熊大人を祀る桑原神社（茨城県常総市）

オホゲツヒメ＝ウケモチ？

この「食物起源神話」の保食神を大氣津比賣《おほげつひめ》に、月夜見尊を須佐之男命《すさのをのみこと》に入れ換えたような神話が『古事記』のスサノヲの段の冒頭に、「五穀の起源」（岩波文庫）あるいは「穀物の種」として、前後の脈絡無しに挿入されている。

それによると、スサノヲが食物《をしもの》をオホゲツヒメに乞うたところ、オホゲツヒメは鼻口また尻から種々《くさぐさ》の味物《ためつもの》を取り出して献上した。スサノヲはその態《しわざ》を垣間見て「穢汚《きたな》し」と思って、オホゲツヒメを殺してしまった。その殺された神の身の頭に蠶《こ》、二つの目に稲種、二つの耳に粟、鼻に小豆、陰《ほと》に麦、尻に大豆が生った。神産巣日御祖命《かみむすびみおやのみこと》がそれらを取らせて種《たね》とした。

すなわち、生る物と生る場所に多少の異同があるものの、神話の構造自体はひじょうに類似している。もちろん、オホゲツヒメのゲはウケモチのケと同じく、食物としてのケを意味している。オホゲツヒメとは大いなるケ（食

＝氣）のヒメのことである。ウケモチもオホゲツヒメも牛馬や蠶、そして五穀を保持する女神《めのかみ》であることから、同一神といってもよいほど神格も似ているのである。

しかも、このオホゲツヒメは、『古事記』によれば、伊邪那岐命《いざなぎのみこと》（みこと）と伊邪那美命の夫婦交合《みとのまぐはひ》の〈国生み神話〉のとき誕生した伊豫之二名島《いよのふたなのしま》（いわゆる四国）の中の粟國《あわのくに》（阿波国）の別名の大宜都比賣《おほげつひめ》でもある。ウケモチもオホゲツヒメも五穀の守護神だが、後者が粟國、すなわち粟を象徴していることは大氣津比賣、あるいは大宜都比賣が稲作以前の粟・稗・小豆・大豆・麦などを司る穀物霊であったことを想像させる。そして、そのことは保食神についてもいえるのではないかと思われる。縄文の神であったかもしれない。

岩波版『日本書紀』は「保食神の死」について、「恐らく日本での作物の死体化生神話は、粟などの焼畑耕作を背景としていたものであろう。…このような、神話的人物が殺されて、その屍体の各部分から、色色の栽培植物が生じるという話は、本来は、穀物栽培以前の、古い農耕文化のうち、球根植物の起源を説明するものであったろうという。親芋を切断して土中に埋め、そこから、新しい食物が生じるという話らしい。東南アジアから大洋洲・中南米・アフリカなどにこの種の神話が分布している。しかし、日本の場合は、球根食物ではなく、穀物神ばかりに変っている。それは、中心的な農作物が、すでに穀物に変ったため、作物の名が、それに伴って変えられたのであろう」と補注している。ちなみに、八丈島や青ヶ島では、かつて焼畑耕作をしていたころ、陸稲《おかぼ》・芋類・麦…等々を栽培していた。

インターネットで検索すると、保食神を祀った神社として、駒形神社がヒットする。たとえば、ネット上の百科事典「ウィキペディア」を見ると、「食物神というだけではなく、『頭から牛馬が生れた』ということから牛や馬の神ともされる。東日本に多い駒形神社では、馬の神として保食神が祀られており、さらに『頭から馬』ということで馬頭観音と同一視されている」と記されている。東京都台東区の浅草寺の境外堂として有名な、隅田川に架かる駒形橋脇の駒形堂は、本尊が馬頭観音だが、この場合は寺院である。駒形神社で保食神を祀っているところは、実際はひじょうに少ないようである。

たとえば、神奈川県下には平塚市一社、鎌倉市一社、小田原市一社、箱根町三社の計六社の駒形神社があるが、いずれも保食神を祀っていない。東京都八王子市高月町や、昭島市大神町の駒形神社も同様だ。陸中一宮の陸奥國膽澤《いさは》郡（岩手県奥州市水沢区）の駒形神社では六柱の祭神を総称して駒形大神と尊称しているが、ここに保食神は含まれていない。ただし、岩手県遠野市綾織町の駒形神社では、オシラ信仰との絡みで保食神と月讀之神《つきよみのかみ》が祀られている。保食神を祭神として祀っているのはどちらかというと稲荷社に多いが、小祠の場合が多く、それを見つけるのは意外と難しい。埋没的なのである。

平田神道のなかで発展した案山子の神

クエビコ

久延毘古

保坂達雄

「壊れた男」の名を持ちながら、
天下万物を知る神でもあるクエビコ。
日本神話の中に一度だけ登場する謎の正体。

クエビコとは何者か

クエビコ（久延毘古）は日本神話の中にただ一度だけ登場する、不思議といえば不思議な神である。名前も「崩え彦」という漢字が当てられるように神名らしくはない。しかし、大国主神の兄弟となって国作りを共にしたスクナビコナノカミ（少名毘古那神）の素姓を明かすなど、日本神話のなかで果たした役割は小さいとは言えない。まずその神話を読むところから始める。

オホクニヌシノカミが出雲の美保の岬にいたとき、波の穂の上をかがみ（ガガイモ）の船に乗って、丸ごと剝いだヒムシの皮の服を着て、沖の方から近づいてくる神があった。名を尋ねても答えない。お供の神たちに聞いても皆知らないという。すると、タニグク（ひきがえる）が「クエビコがきっと知っているでしょう」と言った。クエビコを呼んで尋ねると、「カミムスビノカミの子、スクナビコナノカミです」と答えた。そこで母神であるカミムスビに申し上げると、「この子は、まことにわが子です。子どもの中でわたしの手の指の間からこぼれ落ちてしまった子なのです。あなたアシハラノシコヲノミコトと兄弟になって、いっしょにあなたの国を作り固めなさい」とおっしゃった。それ以来オオナムヂとスクナビコナは、並んでこの国を作り固めた。そうしてその後、スクナビコナは常世国に渡っていってしまった。

この神話でスクナビコナの正体を顕したクエビコは、今では山田のソホド（曾富騰）と言っている。この神は足で行くことはできないが、天下のことは何でも知っている。

このように『古事記』には記されている。

足萎えの知恵者

まずクエビコという名前だが、クエは「崩え」。「崩ゆ」の連用名詞形だ。『万葉集』東歌「鎌倉の見越しの崎の石崩えの君が悔ゆべき心を持たじ」（14・三三六五）に「岩崩え」の用例があるように、「崩ゆ」は崩れるという意味だ。それではクエビコは何が崩れているというのか。『古事記伝』以来、風雨に打たれ身体が崩れた形になっているからとされる。これは明らかに後文の「山田のソホド」からの連想だろう。山田のソホドは案山子のこととされ、本居宣長・平田篤胤・古典全書・古典大系・古典全集・思想大系・角川文庫等、みなこの解釈だ。だが、その個所をもう一度原文に戻って確認すると、

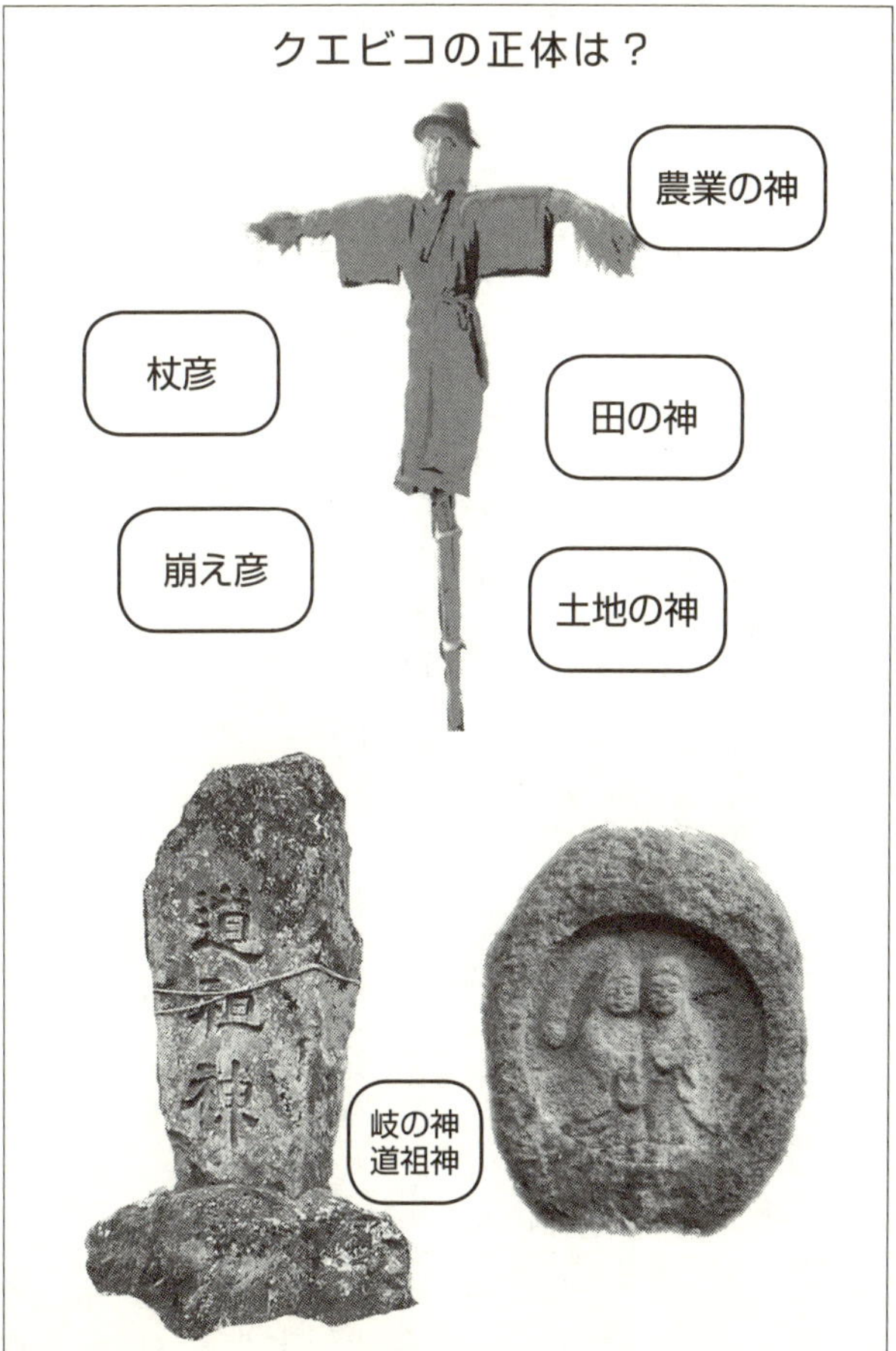
クエビコの正体は？
農業の神
杖彦
田の神
崩え彦
土地の神
道祖神
岐の神
道祖神

故、その少名毘古那神を顕はし白せし謂はゆる久延毘古は、今者《いま》に山田の曾富騰といふぞ。此の神は、足は行かねども、尽《ことごと》に天の下の事を知れる神なり。

とある。クエビコは現在では山田のソホドというのだとあるので、神話上のクエビコを『古事記』の編者を含め当時の人々は山田の案山子と理解していたことになる。しかしながら、神話上のクエビコを後の農耕習俗の案山子として解釈してしまってよいものかどうか、留保が必要だろう。クエビコ＝案山子とする解釈は神話そのものに即したクエビコの理解として至当なのかどうか。鈴木重胤はクエビコは本来は案山子とは何ら関係がなく、後に流転したものだと指摘する（『日本書紀伝』巻二十八）。

ならば、どのような神として解釈すれば良いのか。

クエビコには「崩え彦」と漢字が当てられるのだから、文字通り身体が崩れた、壊れた男の意とすべきではなかろうか。中西進『谷蟆考』は「クエとは足の「クエ」(壊)たことを意味し、不具の足をもった彦(日子)がクエ彦である。彼は、座せる知恵者である」と看破した。また尾畑喜一郎編『古事記辞典』も「「久延」は「崩え」であり、歩行不能を表わしているという。古来不具者は知恵・知識のすぐれた者の化身と信じられていた」とする。そう、クエビコは足萎えの、不具の知恵者だったのである。

このように、クエビコは身体に欠陥をもつ歩行不能な神だった。それではなぜ、その神がスクナビコナの正体を明かすことができたのか。この点を問題にして、西郷信綱は猿田彦を顕したのはアメノウズメであり、アジスキタカヒコネノカミを顕したのも妹高比売であった両例を挙げ、スクナビコナとクエビコの間にも「一脈通じあうものがあるといえないか」とし、クエビコも常世神スクナビコナの眷属神だと推測する(『古事記注釈』第二巻)。クエビコもまた常世と何らかの繋がりをもつ神であり、それゆえにこそスクナビコナを知っていたと考えるべきだろう。

スクナビコナが常世《とこよ》から来臨した神であることは随所に示されている。スクナビコナが乗った船の「かがみ」の莢《さや》は霊魂が寄りつくべき場所であり、「酒の神　常世にいます　石立《いはた》たす　少名御神の」（記40）と謡われるように、その霊魂は石に示現した。またスクナビコナが渡っていった常世国は霊魂が来往する場所であった。これに対し、クエビコと常世との関連を示す個所を神話そのものの中に探すことはまったく困難だ。それでは、クエビコが常世神である徴証はどこに求めれば良いのだろうか。

山田のそほど

クエビコが「山田のそほど」と後に同一視されたことについては、すでに述べた。「そほど」は、平安和歌の世界では「そほづ」と語形変化して、次のように詠まれている。

足引きの山田のそほづおのれさへ我を欲しといふうれはしきこと

（古今集19・一〇二七）

明け暮らし守る田の実を刈らせつつ袂そほづの身とぞなりける
(後撰集5・二六八)

……小山田を　人に任せて　我はただ　袂そほづに　身をなして……
(拾遺集9・五七四)

山田守るそほづも今はながめすな舟屋形より穂先見ゆめり
(曽祢好忠集)

山田守るそほづの身こそあはれなれ秋果てぬれば問ふ人もなし
(続古今集17・一六　一六)

「そほづ」の「そほ」は、濡れそぼつ意の動詞「そほつ（そぼつ）」の語根「そほ（そぼ）」と共通する。そこで宣長は「そほど」は「そほぢびと」の約言として濡れそぼつ人の意、「久延毘古てふ名も、よとともに雨露にうたれ、風に吹破られなどして、身体の壊れ傷《そこ》なはれたる意にもやあらむ」と推断し、ここにクエビコ＝案山子説が成立する。

前掲の諸例からはまた、「そほづ」には「山田の」「山田守る」などが冠されることがわかる。藤原清輔『奥義抄』は、「そほづ」を「田におどろかしに立てたる人形なり」とするが、その人形は、門田や下田ではなく山田の専有物であった。なぜ門田や下田ではなく、山田に独占物されて和歌に登場するのか。これについて、篤胤は人離れたる山田には鳥獣が多く来るので「そほづ」を立てたのだろうとするが、そうした農耕習俗上だけの理由だったのかどうか。もっと別の理由も考えなくてはならないだろう。

そこで浮かび上がってくるのが、案山子を田の神・山の神のシンボルとする信仰習俗である。案山子は旧暦十月十日の収穫行事と密接な関連をもち、この日をカカシアゲ・カカシノトシトリなどと呼ぶ地方がある。その地方では収穫の終わった田の案山子が庭先に立てられ、これに供え物がなされた。

人型のかかし

この日は田の神が田から山に還る日とされたのである。山に還った神は今度は山の神として山の安全を守る。山の神は稲作の始まりとともに再び里に下りてきて田の神となる。その際の依り代が案山子だったのである。

実はこの山の神、古くより一本足だったらしい。『沙石集』に、百足と山の神と蛇が言い争う話がある。

又百足ト、山神ト、蛇ト知《ち》音《いん》ニテ、山ニスミケルガ、百足ガ山神ニ云ク、「我ハ足百アレドモ、アマレリトモ不覚《え》。汝、足一《ひとつ》ニテハ、争《いかで》カタヤスクアルカン。九十九ノ足ヲツクルベシ」ト云《いふ》。山神ノ云《いは》ク、「我ハ足一ヲドリアリクニ不足ナシ。汝ガ九十九ノ足切テステヨ」ト云。蛇ノ云ク、「我ハ一モナク、百モナク、ケレドモ、腹ヲモテ、アリクニ事カケズ。百モ一モ捨《すて》ヨ」ト云フ。（巻五第八話）

この説話の中で山の神は一本足とされているが、これは案山子を山の神のシンボルとする信仰から生まれた表象であったろう。松村武雄『日本神話の研究』第三巻に結論づけられるように、案山子は「一種の神――別しては田の神――憑代であり、そしてさうした資格に於て、田畝の所有権の聖なる標識として、同時にまたその聖なる防護者として、昼夜そこに立ち尽すものと観ぜられ」たのである。

ところで「山田のそほど」であるが、この神は足は行かないけれど、天下のことを知悉しているともあった。その理由は、実は一本足そのものにあったのではないか。クエビコの存在を教えたタニグクは、その遅い歩みによって「さ渡る　極み」（万5・八〇〇、6・九七二）、即ち地上の果てまで歩いてゆくものとして知られてきた。クエビコもまた歩行を断たれたことにより、逆説的にではあるが世界の果てまでも知悉することができたのではなかったか。

学問の神へ

クエビコは足萎えの異形の神だった。それゆえに天下を知悉することができた。またその神は常世に通じていたために、海の彼方から渡来した小人をスクナビコナノカミと判知することができた。後にこの神は一本足のソホドに表象され、天下を知る神として知られることになる。また山田にあっては、山の神・田の神のシンボルとして信仰された。神話に語られたクエビコを纏めると、以上のようになろう。

天下を知悉するクエビコ。このクエビコは、江戸時代末期に至り祭式の世界であらたに再生する。神話の海に沈んでいたクエビコに新たな生命を与えたのは、国学者平田篤胤であった。彼はクエビコに天勝国勝奇霊千憑毘古《アマカツクニカツクシタマチヨリビコノ》命《ミコト》の神名を与え、幣帛を作って神棚の前に安置し学問の神として毎朝神拝した。篤胤はなぜクエビコを学問神として祭祀したのか。

篤胤はクエビコを「芻霊《くさひとがた》」の原型と捉え、憑坐《よりまし》のような働きをするとして、次のように述べる。「此の神はしも、体に固有の霊魂は無れど、他より問るゝ事に従ひて、神また人、或は物にまれ何にまれ、其事を知れる霊の憑《ヨリ》託《ツキ》て誨《ヲシ》ふる故に、天下の事の、悉く知らるゝ」（『古史伝』十八）と。即ち、クエビコには神霊が憑依するゆえ、天下のことを悉く知ってるのだと。天下のことを知悉するというのも、憑依した神霊や精霊が応じ教えるからであったろう。

篤胤にとって、クエビコは神話上に現れる単にそれだけの神格ではなかった。祭式という霊的生活を通して憑依する神霊そのものともいえる存在だった。古道を究める篤胤にとって、「神祇万霊の幽助なくては、道の精義を悟る」ことはできない。「深く此神を信じて、有《あら》ゆる神霊を、其物実《モノシロ》に招請して、其能はざる所を、発揮せしめ給はむことを祈り思ふなり」(『玉たすき』九之巻)。篤胤がひそかにクエビコに神名を奉った理由は、ここにみごとに表明されていると言うべきだろう。

実際、篤胤はその学問を究めつつ、自らに憑り着いた何らかの力に突き動かされていると感じていたのではなかったか。さもなければ一気呵成に成し遂げられた古史策定作業や、和・漢・印にわたる厖大な著述などは理解することができないのである。

クエビコを祀る神社

クエビコを祀る神社として、久氏比古神社(石川県鹿島郡中能登町)、大神神社(奈良県桜井市)末社・久延彦神社が知られている。

天狗となった神はなぜ溺れ死んだのか

サルタヒコ

猿田毘古神
猿田彦命

多田　元

ユーモラスな姿で、日本神話のなかでも人気の神さまサルタヒコ。出自を探るカギは意外や彼が溺れた海にある？

記紀に記されるサルタヒコ

サルタヒコは『古事記』『日本書紀』（以下それぞれ「記」「紀」と略称する）ともに「天孫降臨条」に登場する。「記」の記述に沿って概略する。

①天孫ホノニニギ命がアマテラス大御神・タカギ神の命を受け、高天原《たかあまのはら》から地上に降臨しようとする時、「天《あめ》の八衢《やちまた》」に高天原から葦原《あしはらのなかつくに》中国に至るまで「光《て》らす神」がいた。そこでアメノウズメ神をその神の正体を明らかにさせるため差し向けたところ、「わたくしは国つ神で、名はサルタビコ神でございます。天孫が天降《あも》りなさると伺ったので「先導」としてお仕え申し上げるために参上いたしました」と答えた。

②サルタヒコの先導で、天孫ホノニニギ命が無事筑紫《つくし》の日向《ひむか》の高千穂《たかちほ》のクジフタケルに天降つた後、天孫はアメノウズメに「先導したサルタビコの名を顕したのはお前だから、お前がお送りしなさい。またその神の名をお前が受け継ぎなさい」と命じた。それ故に、アメノウズメを祖とする猿女君《さるめのきみ》達は女を猿女君と呼ぶようになった。

③サルタヒコは、本拠地の「阿耶訶《あざか》」に居た時、「漁《すなどり》」をして「ヒラブ貝」に手を挟まれて海に沈み溺れてしまった。その底に沈んだ時の名を「ソコドク御魂《みたま》」、海水に泡が発生した時の名を「ツブタツ御魂」、海面に泡がは

じける時の名を「アワサク御魂」と言った。

④サルタヒコを送って帰ってきたアメノウズメは諸々の魚を追い集め「天神御子」にお仕えするかと訊ねた。海鼠《なまこ》だけが答えなかったのでその口を小刀で裂いた。それで今海鼠の口は裂けているのだという。また魚たちを天神御子に仕えさせたので、御世《みよ》ごとに「志摩《しま》の速贄《はやにへ》」を献上する時に、猿女君にそれを分け与えることになった。

「紀」には、③④の伝承はみられない。①の「天の八衢」を「紀」は「天《あめの》八達之衢《やちまた》」と記し、サルタヒコを「衢神《ちまたのかみ》」とも記述することから、サルタヒコの神格を考える上でこの「チマタ」は重要な意味を持つ。また「紀」は、サルタヒコの容姿を「その鼻の長さ七咫《あた》、背の長さ七尺《さか》余り。七尋《ひろ》と言ふべし。且、口・尻、明耀《あかりて》れり。眼は八咫鏡の如くにして、絶然赤酸醤《かがやけることあかかがち》に似れり」と具体的に記す。この容姿の記述が、後世祭礼において神輿《みこし》を先導するサルタヒコが天狗面をまとうことの由来である。②においてアメノウズメが

サルタヒコを祀る椿大神社（三重県鈴鹿市）

送った行先は③にみえる伊勢の「阿耶訶」であるが、「紀」では「伊勢《いせ》の狭《さ》長田《ながた》の五十鈴《いすず》の川上」と記しており、サルタヒコの本貫地が伊勢にあったとされることは、間違いないであろう。

サルタヒコの海洋性と「衢」

サルタヒコの名義については、沖縄語「サダル（先導する）」に求める説、「サ（神稲―サヲトメなどのサ）の田の神」また「日神の使いである猿の守る神田の男性」とする説、滑稽な「戯《ざ》れ技《わざ》」をする男ととる説、地名「狭長田」（「紀」）に由来すると解く説などがあるが、記紀共通の表記から考えるならば「猿」の義が強く意識されていたと考えるべきであろう。「紀」が具体的にその容姿に言及するのも大猿としての理解が関与したものと考えてよい。「猿」は、『日本書紀』皇極天皇四年正月条に、あちらこちらから「猿の吟《さまよふおと》が聞こえた時に、時人が「伊勢大神の使なり」と言ったと伝えるように、日神の使いと考えられていた。それは猿が払暁《ふつぎょう》に盛んに吠《ほ》えることに由来するとされる。夜明けに鳴く「鶏・鳥」が日の先導をするという考え方と同じである。それが「伊勢大神」と記されるのは、「日の神」の使いとしての「猿」が「伊勢」と由縁深いものとして理解されていたからであろう。

　このサルタヒコが、「阿耶訶」で「漁」をするという③の伝承は、この神を奉斎する集団が海人《あま》族であった証左と考えられている。『倭姫命世記』『皇大神宮儀式帳』に記されるサルタヒコを祖とする「宇治土公（伊勢神宮大内人）」は伊勢の海人族であろうとされている。サルタヒコが溺れた時、三の御魂になるという伝えも、海人族に特有の発想であるとされる。海人族である阿曇《あづみ》氏の祖神が「底津《そこつ》綿津《わたつ》見神《みのかみ》・中津《なかつ》綿津《わたつ》見神《みのかみ》・上津《うへつ》綿津《わたつ》見神《みのかみ》」、航海神住吉三神が「底筒《そこつつ》之《の》男命《をのみこと》・中筒《なかつつ》之《の》男命《をのみこと》・上筒《うはつつ》之《の》男命《をのみこと》」の「底・中・上」と重なり合うのである（後述）。また海人族胸形《むなかた》氏の祭神も「三女神」である。

　伊勢は海上交通の要衝であり、その海上の道との関連から、まず「天の八衢（「記」）」「天八達之衢（紀）」について考えてみたい。記紀ともに天孫の降臨する「道」に居る神の名とその理由を尋ねると記述しており、「道」が強く意識されている。言うまでもなく「衢」は「道股《ちまた》」であり、「八」は多数を表す。天孫は当然天上からここに通じる道をたどってきたのであるが、伊勢を本貫地とするサルタヒコはどのような道を通って「天の八衢」にやってきたのであろう。当然のように浮かぶのが「海の道」であろう。

海宮訪問条において、ホヲリ命は、シホツチ神の教えにより船で「味《うま》し御《み》路《ち》」を通って「海宮」にたどり着く（「記」、「紀」一書第三）。神武東征条において神武は「亀《かめ》の甲《せ》に乗りて釣りを為つつ打《う》ち羽《は》挙《ふ》り来る人（サヲネツヒコ）」を船に乗せ「海道《うみぢ》」を先導させる（「記」）。「紀」ではそれを「国神《くにつかみ》・海導者《わたのみちびき》」と記す。神武東征条は、天孫降臨伝承を地上に写し取る形で記述することにより、即位に至る経緯を語っているとも説かれるが、この船に乗る先導者の姿は注目してよかろう。天上界からタケミカヅチ神が使わされる時、「天鳥船《あめのとりふね》」が副えられること（「記」）、ニギハヤヒが天上から下る時、「天磐船《あめのいはふね》」に乗っていること（神武「紀」）、天《あめ》の探女《さぐめ》が石船《いはふね》に乗って降臨したこと（万葉集巻三・二九二）など、天上界と地上を「船」で往来する伝えは多くみられる。また海上彼方の海の理想郷が天上界と通じ合っているという考え方は、逸文丹後国風土記《いつもんたんごのくにふどき》、水江《みづのえ》の浦《うら》の嶼子《しまこ》に垣間見える。浦の嶼子は「海中《わたなか》なる博大之嶋《とほしろきしま》」で「昴星《すばる》・畢星《あめふり》」と出会っている。無論道教の神仙譚の受容によるものであろうが、海人族が星を頼りに航海を行っていたとすると、この説話の伝承に海人族の関与が想定され、海の世界と天上界は切り離せない関係で捉えられていた可能性が見て取れるのである。

「紀」の「天八達之衢」という「衢」に「八達」を被せる用字は、ここがあらゆる世界に通じる道の交わる場所であるという認識であろう。天上界にも海の彼方にも地上にも道が開かれており、サルタヒコはそこを船で自由に行き来する神と観想されていたものと思われる。それは「衢神」と記されていることからも推測される。それは同じ天孫降臨条の「紀」一書第二にフツヌシ神が地上制圧に向かう時、「岐神《ふなとのかみ》を以ちて郷導《みちびき》として、周流《めぐ》りて削平《たひら》ぐ」と記されているからである。「岐神」は「衢神」と同義である。この神は「フナトノ神」「サヘノ神」「クナトノ神」「チガヘシノ神」とも呼ばれ、衢にあって悪しきものの侵入を防ぐ性質が前面に出がちであるが、様々な世界へと通ずる道の交差する場所に君臨する神であるので、行旅の神の一面をも有すのである。それが「嚮導《みちびき》」の姿であり、海上にあっては「海導」の神であり、海の彼方から「日神」を導いてくるとされたのであろう。珍塚古墳に描かれた太陽の船の壁画などはかような観念から生まれたのかもしれない。

「天の八衢」はもちろん神話的想像力の中にあるもので、サルタヒコの神祭りは人間の世界で執り行われていたものに相違ない。海の道の交差する港(海の衢)においてサルタヒコが祭られていたであろうことは想像に難くない。その祭りにおいて、「溺れる」という記述は海人族らしからぬ印象を免れない。先に記した海人族の祖神の記述が三神によって構成されていること比較してみたい。イザナキ神の禊《みそぎ》によって生まれるのだが場所は「筑紫の日向の橘《たちばな》の小門《をど》のあはき原」であり、「小門」は港(「水門《みなと》」の意で河口や入り江のこと)であろうとされている。同じ時に生まれた「衝立船戸神《つきたつふなどのかみ》」の「船戸」は「フナト(岐神)」の借訓表記とされるが、そこには港の「衢神」

の印象が纏わり付いていたのかもしれない。三神は「水底《みなそこ》に滌《すす》ぎし時に、成《な》れる神の名は、底津綿津見神。次に、底箇之男命。中《なか》に滌ぎし時に、成れる神の名は、中津綿津見神。次に、中箇之男命。水の上《うへ》に滌ぎし時に、成れる神の名は、上津綿津見神。次に上箇之男命（「記」）」と底から上へと水中を経過して出現する。このことをサルタヒコに当て嵌《は》めるならば、海人族の神が水中から出現する神事を背景に記述されたことが想定される。同じ「溺れる」という記述の見られる海宮訪問条の最終部は「故、今に至るまで其の溺れし時の種々《くさぐさ》の態《わざ》絶えずして、仕《つか》へ奉《まつ》るぞ」（「記」）と「隼人舞《はやとまひ》」の起源伝承となっている。「紀」は正文にこれを「俳優《わざおぎ》（滑稽技）」と記し、一書第四ではその装束「フンドシ」を身に着けることに始まり「初め潮《しほ》足に漬《つ》く時に足占《あしうら》を為し、膝《ひざ》に至る時には足を挙《あ》げ、股《もも》に至る時には走《はし》り廻《めぐ》り、腰に至る時には腰を捫《な》で、腋《わき》に至る時には手を胸に置き、頸《くび》に至る時には手を挙げ飄《たひ》掌《ろか》す」と詳細に記す。隼人が宮中儀礼の場で演じた芸能が踏まえられているとされる。この具体的記述が、サルタヒコの容姿の記述（「紀」）と通底することから、サルタヒコの芸能を想定する説も見られる。「溺れる」という記述も本来信仰行事の中にあった姿を、第三者が記述にあたって解釈を入れたものとする説もある。芸能の問題は「猿」という名義にも関わり魅力的な説ではあるが決定的な証拠に欠ける。サルタヒコの容姿の記述は「紀」に、溺れるさまは「記」にとそれぞれ分れて記されていることも問題であろう。「ヒラブ貝に手を食われて」という説明から考えると、第三者の記述以前に「溺れる」という言葉は重要な意味を持っていたと考えるべきであろう。「ヒラブ貝」がどのような貝であるかは未詳であるが、日本近海に挟まれて溺れるような貝は存在しない。南洋の海でダイバーが貝に足ヒレを挟まれる事故があったという記事を目にしたことがあるが、かような貝は海外に存在するとなると、海上の道を通って遥か彼方からこの説話の基は入ってきた可能性が考えられるからである。そこに既に「溺れる」という要素が含まれていたとするならば、海底から海面に向かって勢いよく泡立つ御魂は、海底での死を通過して、新たな霊力を獲得して復活する海中の神の姿の表象と考えるの

天降るニニギノミコトを出迎えるサルタヒコ

が妥当だと思われる。それがどのような神事実修に支えられていたかはともかく、サルタヒコの霊力を保証する伝承として『古事記』には記されたのであろう。

サルタヒコと芸能

サルタヒコの名を顕したアメノウズメがその「猿」の名辞を受け継いで、その子孫が「猿女君」を名乗ると記されることから、両神が伝承的にも深いつながりを持つとされている。しかしながら猿女君がサルタヒコを祭ったという確証はどこにもなく、宮中祭祀に奉仕する職掌である「猿女」と、伊勢を本貫とするサルタヒコは「記」「紀」の記述以外に接点は持たない。そもそも天孫降臨条は、「タカミムスヒ」を司令神とする古態の天孫降臨伝承にはアメノウズメら「五伴緒《いつとものを》」は随伴していないものであった。そして「紀」正文の姿である。それが大嘗祭《だいじょうさい》を中心とする宮中儀礼の整備、伊勢祭祀の整備を経て、アマテラスを司令神とする「記」の姿へと変容していった。その経緯は「紀」の一書群で確認される。

この天孫降臨伝承の記述の整備過程で、大嘗祭に深く関わるアメノウズメ(猿女君)が天孫の随伴神として登場し、伊勢祭祀に関わるサルタヒコが日の神の先導者として記述され、「猿」の名辞を介して結び付けられたのであって、そもそもの基盤は異にしているのである。④の「志摩の速贄」の伝えが地縁的類似性を作り出してしまったが、猿女君は大嘗祭に奉仕するから「贄」を分け与えられるのであって、「志摩」に居るわけではない。

猿女が神楽の先蹤《せんしょう》とする伝えがあるために、芸能の観点から両者の繋がりを説くむきもあるがそれは記紀より後の問題である。

またサルタヒコが芸能と結びつき、現在のように祭礼の神輿渡御の先導をするようになるのも後世の問題である。室町時代の『日本書紀纂疏』に「今世諸神祭礼。蒙赤面長鼻之像。名曰王舞。此神代遺風也」の記述があるように室町期にはサルタヒコが天狗面をまとって祭礼に登場していたらしいが、この「王舞」とサルタヒコが芸能として結びつくのは、中世日本紀を介しているいると考えられることについて、橋本裕之氏の「肖像の起源―王の舞と猿田彦」(『隠された神サルタヒコ』鎌田東二編著、大和書房)に詳しく論じられている。

サルタヒコを祀る神社

サルタヒコを祀る神社には猿田彦神社(三重県伊勢市)、猿田神社(千葉県銚子市)、椿大神社(三重県鈴鹿市)、阿射加神社〈小阿射加・大阿射加〉(三重県松阪市)がある。

永遠を象徴する岩の神は、なぜ寿命を司る

イハナガヒメ

石長比売
磐長姫

田中智樹

皇孫はその醜さゆえにイハナガヒメを退けた。
しかし、この判断は天皇家と人間に重大な結果をもたらしてしまう。

はじめに

石にまつわる信仰や伝承は多岐に渡り、起源も古い。イハナガヒメの物語はその中でも最も古いものの一つであり、広く知られる伝承である。イハナガヒメは『古事記』では「石長比売」、『日本書紀』では「磐長姫」と表記される。石・磐を名に冠することからも石に象徴される不変性・永遠性を司り、人間の寿命を司る神として記紀に描かれている。ここでいう「石」と「永遠性」の結合については至極当然といった印象を受けるが、実はそうでもない。例えば石が成長し巨石となる、懐に入れていると重く大きくなるなど、いわゆる生石伝説であるが、このような伝承から民間には「石」は「変化」するものという信仰が存在する。

神話学ではイハナガヒメの物語はバナナ型神話と分類される。これはJ・D・フレーザーによって分類された東南アジアを中心に分布する死の起源神話の一類型の名称であり、松村武雄、大林太良らによって紹介されてきた。それによればインドネシアのポソ族には、神によって与えられた石を人間が拒否し、バナナを選び取ってしまったために、人間は石のような無限の命を得られず、バナナのように有限の命を与えられたという神話が伝わる。確かにイハナガヒメは人間の寿命に影響を持った神であり、二者択一という物語の形からもバナナ型神話として分類されることに問題はない。ただ記紀が伝える物語の細部には多くの相異点が見られ、一括りにバナナ型神話とは扱えず、記紀それぞれの文脈を見ていく必要があると考える。

記紀における物語要素の比較

まず『記』における石長比売の物語を以下に書き下して引用する。

是に天津日高日子番能迩々藝能命《あまつひたかひこほのににぎのみこと》、笠沙《かささ》の御前《みさき》に、麗《うるは》しき美人《をとめ》に遇ひき。爾《しか》くして、問ひしく、「誰が女ぞ」ととひしに、答へ白《まを》ししく、「大山津見神《おほやまつみのかみ》の女《むすめ》、名は神阿多都比売《かむあたつひめ》、亦の名は木花之佐久夜毘売《このはなのさくやびめ》と謂ふ」とまをしき。又、問ひしく、「汝《なむち》が兄弟《はらから》有りや。」ととひしに、答へて白ししく、「我が姉、石長比売《いはながひめ》在り」とまをしき。爾くして、詔ひしく、「吾、汝と目合《あひあ》はむと欲《おも》ふ。奈何に」とのりたまひしに答へて白ししく、「僕は、白すこと得ず。僕が父大山津見神、白さむ」とまをしき。故、其の父大山津見神に乞ひに遣《や》りし時に、大く歓喜《よろこ》びて、其の姉石長比売

	登場人物		物語の有無	
	イハナガヒメ	コノハナノサクヤビメ	短命起源物語	一宿婚物語
古事記	石長比売	神阿多都比売 木花之佐久夜毘売	あり	あり
日本書紀 第九段　本文	なし	鹿葦津姫 神吾田津姫 木花之開耶姫	なし	なし
一書第一	なし	なし	なし	なし
一書第二	磐長姫	神吾田鹿葦津姫 木花開耶姫	あり	あり
一書第三	なし	神吾田鹿葦津姫	なし	なし
一書第四	なし	なし	なし	なし
一書第五	なし	吾田鹿葦津姫	なし	あり
一書第六	磐長姫	木花開耶姫 豊吾田津姫	云々とのみあり	云々とのみあり
一書第七	なし	吾田津姫	なし	なし
一書第八	なし	木花開耶姫命	なし	なし

イハナガヒメ・コノハナノサクヤビメ関連の物語

を副へ、百取《ももとり》の机代《つくえしろ》の物《もの》を持たしめて、奉《まつ》り出《い》だしき。故爾くして、其の姉は、甚《い》凶《と》醜《みにく》きに因りて、見《み》畏《かしこ》みて返し送り、唯に其の弟木花之佐久夜毘売のみを留めて、一宿《ひとよ》、婚《あひ》を為《し》き。爾くして、大山津見神、石長比売を返ししに因りて、大きに恥ぢ、白し送りて言ひしく、「我が女二《ふたりとも》並に立て奉りし由《ゆゑ》は、石長比売を使はば、天《あま》つ神《かみ》御《み》子《こ》の命は、雪《ゆき》零《ふ》り風吹くとも、恒に石《いは》の如くして、常《ときは》に堅《かちは》に動かず坐《ま》さむ、亦、木花之佐久夜毘売を使はば、木の花の栄ゆるが如く栄え坐さむとうけひて、貢《たて》進《まつ》りき。此《か》く、石長比売を返らしめて、独り木花之佐久夜毘売のみを留むるが故に、天つ神御子の御《み》寿《いのち》は、木の花のあまひのみ坐さむ」といひき。故是《ここ》を以て、今に至るまで、天皇命《すめらみこと》等《たち》の御命は、長くあらぬぞ。

『記』では迩々藝命の降臨から石長比売・木花之佐久夜毘売の婚姻、そして木花之佐久夜毘売の一宿婚と展開するが、『書紀』が記載する異伝は同様の展開を持つものの方が少ない。この各異伝について物語の有無、登場人物という点からまとめたものが前頁の表である。

短命起源の物語を伝えるのは『記』と『書紀』第九段一書第二のみであることから、本稿では具体的な物語を持つこの二つの物語について比較検討することにする。

天皇の寿命を語る『記』、人間の寿命を語る『書紀』

紙幅の都合上、『書紀』第九段一書第二の本文は省略し、物語の要素のみ抽出して以下に挙げる。

①皇孫《すめみま》（瓊瓊杵尊《ににぎのみこと》）が一人の美人《をとめ》に出会う。
②出自を問う。
③木花開耶姫が自らの出自を明らかにする。
④木花開耶姫が姉の存在を明らかにする。
⑤皇孫が木花開耶姫に求婚。

⑥皇孫が大山祇神に許可を求める。

⑦大山祇神は百机飲食《ももとりのつくえもの》を持たせて二人の女《むすめ》を皇孫に奉る。

⑧醜さから磐長姫を退け、美しい木花開耶姫だけが寵愛を受けた。

⑨磐長姫の呪詛。

⑩「世人」の命が短くなる。

次に前掲『記』の記述についても同様に要素を抽出すると以下のようになる。

①迩々藝命《ににぎのみこと》が麗しき美人《をとめ》に出会う。

②出自を問う。

③木花之佐久夜毘売が自らの出自を明らかにする。

*◎迩々藝命が兄弟（石長比売）の存在を問う。（太字波線部分）

④木花之佐久夜毘売が石長比売の存在を明らかにする。

⑤迩々藝命が木花之佐久夜毘売に求婚。
⑥大山津見神に許可を求める。
⑦大山津見神は百取《ももとり》の机代《つくえしろ》の物を持たせて木花之佐久夜毘売に石長比売を副えて迩々藝命に奉る。
⑧「凶醜」さのため迩々藝命は「見畏」み石長比売を返し、木花之佐久夜毘売のみを留めた。
⑨大山津見神の宣言。
⑩「天皇命等」の寿命が短くなる。

まず後半部分⑧⑨⑩の異同について見てみたい。イハナガヒメはその「醜」さの為にニニギノミコトの寵愛を受けることができなかった点は記紀に共通する。しかし、その「醜」さの描出に違いが見られる。『書紀』では「醜」とあるのみであるが、『記』では「甚凶醜」と石長比売の醜さが尋常ではないことを示している。その尋常ならざる「凶醜」さに迩々藝命は「見《み》畏《かしこ》」んだのである。

「凶醜」については漢文学との比較から戸谷高明氏に論がある。戸谷氏は『古事記』における「凶醜」が独自の表現であるとし、特に「凶」字は「『醜』いものを畏怖すべき不気味なもの、不吉なものとする観念」をもって用いられていると指摘する。大久間喜一郎氏は、この石長比売の容貌が「圧迫感を与える」のであり、そうした人間の心理を『記』は「見畏む」と言っていると論じる。この「見畏む」は当該箇所以外には『古事記』に五ヶ所用いられている。以下に示す。

A　黄泉国にイザナミを迎えにきたイザナキが変わり果てた妻の姿を見たとき

B　須佐之男命の乱暴を天照大御神が目にしたとき

C　豊玉毘売命が出産の時、和迩（鮫）となった姿を日子穂穂手見命が覗き見たとき

D　肥長比売の正体が蛇であることを本牟智和気命が知ったとき
E　倭建命が剣で兄である熊曽建の胸を貫いたのを弟の熊曽建が見たとき

用例からは「見畏」んだ存在がその場から逃走するか（A・B・D・E）、「見畏」まれた存在の方がその場から姿を消すか（C）、いずれにせよ別離するという要素を含んでおり、またその別離は原因のある、積極的・意識的なものであることがわかる。当該物語でも「凶醜」を原因として「見畏」むことで迩々藝命と石長比売との別れは避けられないものとなり、必然として大山津見神のもとへと返されているのである。

次に、⑨について『書紀』では返された磐長姫自らの呪詛によって、「生めらむ児」また一云では「顕見蒼生《うつしきあおひとくさ》」の寿命を短くしたのである。また磐長姫が呪詛する際に「大きに慙《は》ぢて詛《とご》ひて曰く」「恥ぢ恨みて唾《つは》き泣ちて曰く」と感情を剥き出しにしており、磐長姫個人の強い恨みが短命の原因とされている。

一方『古事記』では石長比売が司る永遠性、木花之佐久夜毘売が司る繁栄について語るのは父神である大山津見神とされる。二人の女を后とすることで得られるはずの永遠の繁栄は大山津見神の「うけひ」によるものであり、天皇家に祝福を与える呪術なのである。

いわば結納の品である「百取《ももとり》の机代《つくえしろ》の物《もの》」以上に価値のある大山津見神からの贈り物が石長比売であり、木花之佐久夜毘売であったのに、迩々藝命は石長比売を送り返すのであるが、これは「凶醜」に「見畏」んだ結果拒絶せざるを得なくなったと読み取るべきであろう。

また⑩では短命とされる対象が異なる。『書紀』では「生めらむ児」「顕見蒼生」とされ、人間全般の寿命が短いことの起源となっている。『記』では明確に「天皇命等の御命」或いは「天つ神御子」とあり、この起源伝承の波及先が『書紀』に比べて限定されていることがわかる。

『記』迩々藝命の発話の意義

以上短命起源物語の後半部分を分析してきたが、つまり『書紀』では、皇孫に拒絶された磐長姫個人の呪いによる短命起源物語であり、『記』では大山津見神の配慮に気付くことができなかった迩々藝命の責任における天皇家短命起源物語と捉えられ、文脈から両書における主旨の相異を看取することができると考える。

ここで当該物語の前半部分の問題点について言及する。『記』本文波線部分によれば、迩々藝命は木花之佐久夜毘売に兄弟の存在を尋ねている。求婚の対象にその出自を問い、名を名乗らせたり、自らの出自を明らかにする例は求婚譚の定型表現といえるが、当該箇所のように兄弟の存在を聞く例はなく、非常に特殊であるといえる。三浦佑之氏は「イハナガヒメの展開を前提にした問いである」と指摘するが、ただ登場することを前提とするだけでは、他に例を見ない波線部分の表現については説明不足であろう。

迩々藝命自ら石長比売の存在を問うことによって求婚前に石長比売の存在を知ることになる。名を知るということは、存在の確認という意味に止まらず、その存在を掌握することである。迩々藝命はこのとき木花之佐久夜毘売に石長比売という姉がいるということを知っただけではなく、この石長比売が永久不変を司る存在であることも認識したと捉えることができる。すなわち迩々藝命は子孫である天皇家の永遠の繁栄のために石長比売と木花之佐久夜毘売二柱とも娶る必要があったことを理解していたのである。

しかし常軌を逸したその「凶醜」さによって「見畏」んだ結果、手放さざるを得なくなる。迩々藝命は石長比売が有する意味を知りながら、その「凶醜」に耐えられず手放したのである。

以上の如く読むことが可能であれば、天孫である迩々藝命に短命起源の責を負わせていることに疑問が残るが、記紀いずれにせよイハナガヒメを拒絶する段階でニニギノミコトに責任は及んでいるのである。ただ『書紀』のように醜いからという理由で拒絶から短命に繋げるのではなく、知りながらも

イハナガヒメを祀る伊豆神社（上・岐阜県岐阜市）とコノハナノサクヤビメを祀る富士山本宮浅間大社（静岡県富士宮市）

手放さざるを得なかったという状況を描き出そうとしているのが『記』なのではないだろうか。

大久間喜一郎氏は、日向神話は神代の説話とも趣を異にする神話であり、後世の天皇に関する消息などについても触れている、いわば神代から人代への過渡期的な歴史物語であると指摘する。石長比売の物語を天皇短命起源と位置付けながら、その内容は迩々藝命の人間的葛藤によって描き出されているのである。このような『記』の特徴は上巻から中巻へ、神から天皇という変遷の中で、『記』編述者が凝らした工夫の跡であり、その結果として石長比売は『記』独自の働きを持つ神として機能しているのである。

おわりに

イハナガヒメは記紀に共通して永遠性を象徴する存在として現れながらも、その働きは両書において異なることを見てきた。その永遠性は一時の繁栄を象徴するコノハナノサクヤビメと相対することにより明確化される。なぜなら永遠に生き続けることは不可能だからである。

コノハナノサクヤビメは富士山本宮浅間大社を総本宮とし、全国に一三〇〇余り鎮座する浅間神社の主祭神として祀られている。一方イハナガヒメはコノハナノサクヤビメとともに祀られることが多く、単独で祀る神社は少ない。静岡県の雲見浅間神社や岐阜県の伊豆神社などに限られている。このように現在に至るまで対の存在としてあるイハナガヒメとコノハナノサクヤビメは、「永遠」と「繁栄」という相容れない理想を象徴する存在なのである。

イハナガヒメを祀る神社

イハナガヒメを祀る神社として、雲見浅間神社（静岡県賀茂郡松崎町）、伊豆神社（岐阜県岐阜市）、銀鏡神社（宮崎県西都市）が知られている。

応神天皇と名前を取りかえようとした神

ケヒノオホカミ

気比大神
笥飯大神

稲田智宏

建内宿禰の夢に現れた気比大神の、一風変わった要求。幼い皇子と大神との名前の交換は成立したのか

建内宿禰の夢に現れた気比大神

気比大神は福井県の敦賀湾近くに鎮座する氣比神宮《けひじんぐう》の祭神である。この神社は『延喜式』神名帳に「気比神社七坐」と記され、現在の主祭神は伊奢沙《いざさ》別命《わけのみこと》、他に仲哀天皇、神功皇后、日本武尊《やまとたけるのみこと》、応神天皇、玉妃《たまひめ》命、武内宿《たけうちのすく》

禰命《ねのみこと》で計七柱を祀る。

つまり主祭神の伊奢沙別命が記紀で大神の号をもって称えられる気比大神であり、『古事記』で「気比大神」、『日本書紀』では「笥飯大神」と表記され、ケヒの「ケ」は保食神《うけもちのかみ》や豊受大神《とようけのおおかみ》などと同じく食物を、そして「ヒ」は霊力を意味する。

気比大神が食物を司る神であるらしいことは、その神名だけでなく話としても『古事記』には伝えられている。しかしこれが簡単なように見えて謎の多い話なのである。第十四代仲哀天皇の皇后、神功皇后が新羅《しらぎ》征討から帰朝して皇子を産んだ後、のちに応神天皇となるこの幼い皇子を建内宿禰が連れて敦賀に至ったときのことだ。

爾《しか》くして、其地《そこ》に坐す伊奢沙和気大神之命、夜の夢に見えて云ひしく、「吾が名を以て、御子の御名に易《か》へむと欲《おも》ふ」といひき。爾くして、言禱《ことほ》きて白ししく、「恐《かしこ》し。命の随《まにま》に易へ奉らむ」とまをしき。

氣比神宮（福井県敦賀市）

建内宿禰と皇子が敦賀にやってきたのは禊《みそぎ》をするためで、それは直前に、敵を欺くために皇子を死んだことにして喪船に乗せていたことが原因のようである。

そんなときに「伊奢沙和気大神之命」が建内宿禰の夢に現れ、「私の名を皇子の名と替えたい」と告げたので、建内宿禰はこれを承諾した。

まずは伊奢沙和気大神之命という、「大神」と「命」

を重ねた神名が目を引く。ただし、同じ『古事記』に「夜知富許能迦微能美許登」（八千矛《やちほこ》の神の命）という表現が数例、歌謡の中だけではあるが存在しているため、大きな謎とは言えないかもしれない。

それにしても、もし「〇〇神の命以《も》ちて」（〇〇神のお言葉によって）といった表現との混乱の類でないとすれば、どうして気比大神に異例というべき「神の命」という敬称が用いられているのかは不明である。ともあれ大神は提案が受け入れられると、その礼の品を献上するので翌朝に浜へと来るように伝えた。そこで皇子と建内宿禰が行ってみると、浦の一面に鼻の傷ついた入鹿魚《いるか》が集まっており（傷は捕獲された痕という）、これを見た皇子は「我に御食《みけ》の魚《な》を給へり」と言ったという。

どのように名前を「替え」たのか

さて、この話は大神と皇子が互いの名を取り替えたように見えるが、はっきりしていない点が多い。両者の元の名と替えた後の名が明示されていないため、互いの交換なのかそうでないのか不明瞭なのである。

皇子の名については初め、「大鞆和気命《おほともわけ》、亦の名は品陀和気命《ほむだ》」と『古事記』に二種の名が挙げられ、このうち大鞆和気命の名の由来は、生まれながらに弓を射る際の道具の鞆《とも》のような肉の盛り上がりが腕にあったためとされている。ということはこれは交換された名ではない。ではもうひとつの「品陀和気命」はというと、本文中では気比大神との話の後にこの名が用いられているが、だからといってこれが改名後の名とも思われない。

そして『日本書紀』によれば、誉田天皇（応神天皇）の「ホムタ」は上古に鞆を意味した言葉で、やはり腕に鞆のような肉があったからそのように名付けられたという。つまり二種の名がともに生まれながらの肉体上の特徴によるものであったらしい。本当に、古くは鞆をホムタと言ったのかは確かでないにしても、気比大神の元の名がホムタであった痕跡も見当たらない。

気比大神の側にしても「伊奢沙和気大神之命」という名からどのように変わったかは不明である。入鹿魚を献上した大神を称えて御食津《みけつ》大神と名付け、

国史絵画より『神功皇后』(佐々木尚文画・神宮徴古館所蔵)

それが今に気比大神と呼ぶのだという記述は『古事記』にあっても、「御子の御名」に替えているわけではないからこれが改名の結果だとは考えにくい。日本古典文学大系の『日本書紀』の補注には、「この神はもとは伊奢沙和気大神といったが、太子（応神）が御食津大神と名を称えたので、今は気比大神という」と、あたかも改名の結果として御食津大神や気比大神となったようで、そうではないような、曖昧な書き方がなされている。はっきりとしたことは不明だから、このような書き方にせざるを得ないのだろう。

あるいは、伊奢沙和気大神之命という名がすでに改名後の名と考えられなくもない。この考えと同じか、もしくは近い見解は『日本書紀』に記されている。

それは応神天皇の即位前紀の分注に「一《ある》に云はく」として、「初め天皇、太子と為《な》りて、越国に行して、角鹿《つぬが》の笥飯大神を拝《をろが》祭みまつりたまふ」と、太子時代の応神天皇が敦賀の気比大神を拝したことを述べて、次のように続ける。

時に、大神と太子と名を相易《あひか》へたまふ。故、大神を号けて去来紗別《いざさわけ》神と曰し、太子の名は誉田別尊とまをすといふ。

これによれば越国角鹿の大神と太子の時の応神天皇が互いの名を替えて、その結果、大神はイザサワケ神となり太子はホムタワケ尊となったというのである。

この記述の元になった資料が『古事記』の話と同じかどうかはわからない。ただ、やはりこちらでも不明瞭な資料だったようで、互いの名前の交換ということについて不審を持った編者はさらにこれに続けて、

然《しか》らば大神の本名《もとつみな》は誉田別神、太子の元名は去来紗別尊と謂《まを》すべし。然れども見ゆること無く、未《いま》だ詳《つばひら》かならず。

と未詳であることを明記し、これ以上の詳しい資料は持ち合わせていなかったようだ。

このように、気比大神と大鞆和気命のあいだにおける名前に関する伝承が不明瞭なことから、そもそも名前の「交換」ではなかったとする見解もある。先に引いた「吾が名を以て、御子の御名に易へむと欲ふ」という大神の言葉を名前の交換とは取らない解釈である。

例えば本居宣長《もとおりのりなが》は『古事記伝』にて、「かく詔《のたま》へる意は吾名を更《カヘ》て、御子の御名を賜はりて、吾名にせまほしとなり。易《カフル》は、吾名を更るにて互に相易《アヒカヘ》むとには非ず」と解釈し、大神が皇子の名を貰っただけだとする。また日本古典文学大系や新編日本古典文学全集の補注ではこれとは逆に、皇子が大神の名を貰ったとしている。①互いの名の交換、②神の名を皇子の名へ変更、③皇子の名を神の名へ変更、と三種の解釈があるわけだ。

あるいはまた、これらとは別の視点による解釈もある。それは夢を見た翌朝、大神から献上された入鹿魚を見た皇子が「我に御食の魚を給へり」と述べた箇所を受け、大神は皇子から名を貰い、皇子は大神から入鹿魚を貰ったという交換だとする解釈である。魚は「ナ」と読むことができることから、名と魚の交換という話が成立しているということだ（厳密に言えばイルカは魚ではないが、入鹿魚という魚とされている）。ただしこれは、大神が「名を易ふる幣《まひ》」として献上すると述べているので、話の流れから見れば名と魚の交換とするには無理がある。名前の交換（あるいは一方的な変更）にまつわる話だからこそ、食物神の大神が皇子に魚を献ずるという展開が生じたか、またはその逆に魚を献ずる話から名を献じる話が生じたかという関連性だろう。

なお、ここに引いている記紀の訓読文は新編日本古典文学全集に依っているが、そこでは「御食の魚《うを》」と読まれているため、「魚《な》」に改めた。新潮日本古典集成でも「魚《うを》」としているけれども、『古事記伝』をはじめとして日本古典文学大系など多くの注釈書では「魚《な》」である。名と魚の因果関係は不明としても、少なくともそれらの関連性は認めていいのではないだろうか。

それぞれのもとの名を探る

大神も皇子も名前の変更については不明瞭ななか、変更があった可能性について少し触れておきたい。『古事記』に見える伊奢沙和気大神之命という名の「神之命」がやや異質であることは述べたが、もうひとつ、神名中の「和気」（別）の語もまた、やや異質なのである。

皇子の「大鞆和気命」や「品陀和気命」の場合の「和気」は、しかし異質ではない。『古事記』によれば、第七代孝霊天皇の子に日子刺肩別《ひこさしかたわけ》命、第九代開化天皇の子に建豊波豆羅和気《たけとよはずらわけ》など、最初期の天皇の男王には幾人か見られ、これが第十一垂仁天皇の子になると、品牟都和気《ほむつわけ》命や大帯日子淤斯呂《おおたらしひこおしろ》和気《わけ》命（景行天皇）など男王十三人のうちの七人に見られる。そして次の景行天皇の子は八十人の子のうち二十一人の名が記され、その中の男王十五人のうちの四人に別が用いられている。

なお景行天皇の系譜の箇所には、倭建命など太子とされた三人を除く七十七王は「悉《ことごと》に国国の国造、亦《また》和気、及《また》稲置、県主に別《わ》け賜ひき」とあって、後の姓《かばね》のひとつである和気（別）の由来としているが、本来は垂仁天皇から景行天皇の代を中心に、男子皇族の名に用いられていたものである。天皇となった男王で名に和気のつく例は品陀和気命や大帯日子淤斯呂和気命の他にも、『古事記』によれば伊邪本和気《いざほわけ》命（第十七代履中天皇）、水歯別《みずはわけ》命（第十八代反正天皇）、袁祁之石巣別《をけのいわすわけ》命（第二十三代顕宗天皇）があり、これ以降では少し時代が飛んで『日本書紀』に天命開別《あめみことひらかすわけ》天皇（第三十八代天智天皇）がいる。

このように、応神天皇の名に和気が用いられてもまったくおかしくないのだが、神名の場合だと事情が異なる。『古事記』でワケを持つ神名を挙げるなら、伊耶那岐命と伊耶那美命による国生みの場面で淡道之穂之狭別《あわじのほのさわけ》島（淡路島）や建依別《たけよりわけ》（土佐国）など十の名、また続く神生みの場面で大戸日別《おおとひわけ》神など二つの名が見え、それ以降は天孫降臨の場面で唐突に天石門別《あめのいわとわけ》神が登場するのみなのである。

島々にワケを持つ神名が多いのは、地方の国々にワケの王が任命されたという姓の由来と関連させてのことだと思われ、気比大神の名にワケが付くのは異例であろう。しかしこれが、ワケを名に持つ皇子との交渉に起因するというのであれば、異例ではなくなる。

また、応神天皇の孫に当たる履中天皇の伊邪本和気命という名も気になるところだ（『日本書紀』では去来穂別天皇）。気比大神の元の名もしくは改めた後の名とされる伊奢沙和気大神に近い名の存在は、応神天皇の元の名もしくは改めた後の名がイザサワケであった可能性を想像させるからである。

名前の交換という奇妙な申し出にしても、当の応神天皇が後に武内宿禰との間で、産まれた子同士で行っている。『日本書紀』仁徳天皇元年の記事によれば、応神天皇の子が産まれたとき産殿に木菟《みみずく》が飛び入り、同じ日に産まれた武内宿禰の子の産屋には鷦鷯《みそさざい》が飛んできた。これを吉兆と考えた天皇は鳥の名を替えて互いの子の名とし、天皇の子は大鷦鷯《おおさざき》皇子、武内宿禰の子は木菟《つく》宿禰としたという。こちらで明確に名前を交換しているからには、これ

気比の浜（福井県敦賀市）

を背景として気比大神との交換の話が生まれたか、あるいは気比大神との交換の話があったためにこちらの話が生まれたとも考えられる。

そして、なぜ神が皇子と名を交換するのかということについては、皇子が死んだことにされていたことの穢れを祓うための、禊としての意味があったのかもしれない。名前を改めることで、死せる皇子がまさに生まれ変わったのである。

あるいはまた、応神天皇が神の加護のとりわけ強い天皇だから、神との結びつきの強さを示す話が生じやすかったのだろう。神功皇后の胎内に宿っているうちからすでに、皇后に懸かっている神は皇子を、国を統治すべき御子であると認めていることが記紀ともに語られている。『古事記』に、その神の言葉を聞いた建内宿禰が「其の神の腹に坐す御子」と言っていることも象徴的で、この場合の神とは神懸かっている皇后を指しているわけだが、まさに神の子であることを思わせるような表現といえよう。

皇子の禊や神性がどうして気比大神と結びつくのかについて、最後に少し述べておくと、ひとつにはその鎮座地が朝鮮半島に近い日本海側だからだろう。氣比神宮の社伝には仲哀天皇の命により皇后らが新羅征討を祈願したとあり、少なくとも地理上は皇后や皇子との関連があっても不思議ではない。

また『日本書紀』垂仁天皇の条には意富加羅《おおから》国の王子という都怒我阿羅斯等《つぬがあらしと》が越国の「笥飯浦」に来た話を分注で載せ、そこに記される阿羅斯等の伝承は『古事記』応神天皇の条に「昔」のこととして新羅王子の天之日矛《あめのひぼこ》が来朝した話と著しく類似している。この天之日矛の血を引く高額比売命《たかぬか》を神功皇后の母とする系譜が『古事記』に見え、氣比神宮摂社の角鹿神社に阿羅斯等を祀ることなど（諸説あり）関係あるようだが、しかし確かなことは不明と言わざるを得ない。

「言」と「事」を司る神は、なぜ記紀で扱いが変わる？

ヒトコトヌシ

一言主之大神
一事主神

井上さやか

雄略天皇とまったく同じ姿で現れるヒトコトヌシ。
記紀によって異なるその関係は？　どうして葛城に現れたのか？

「言」と「事」

ヒトコトヌシは、『古事記』『日本書紀』の雄略《ゆうりゃく》天皇条に共通して登場する神であり、さらに後世にも、さまざまな文献に登場する。しかし、それぞれの書が伝える内容は随所で異なり、神名だけをとってみても、『古事記』

(以下、記と略す)においては「葛城《かづらき》之《の》一言主《ひとことぬし》之《の》大神《おほかみ》」と名乗り、『日本書紀』(以下、紀と略す)においては「一事主神《ひとことぬしのかみ》」と名乗る。ヒトコトヌシのコトは「言」とも「事」とも記されており、古代には「言」と「事」とが区別されていなかったと考えられる。ただ、これらはそれぞれの書中で与えられた神としての性格を象徴しているようにも思われる。

記紀のいずれが正しいのか、あるいは双方を統合することで史実がわかるのではないか、と質問を受けることがあるが、そうした問いはそもそも成立しないのではないだろうか。事実とは、無数に存在し得るものである。古代に限らず、たった今起こった事柄であっても、居合わせた人々それぞれにとっての事実や真実がある。善悪や正誤も人や時代によって異なる場合が少なくなく、正史とは、為政者側にとっての正しい歴史に過ぎない。しかも、人間はそれを不完全な言葉によって認識し、表現するしか術がない。現実から完全に乖離《かいり》した言語表現はあり得ないが、現実を完全に再現する言語表現もまたあり得ないと筆者は考えている。だからこそ、ヒトコトヌシが神格化

葛城一言主神社の社殿とご神木の乳銀杏（奈良県御所市。奈良県ならの魅力創造課提供）

されたのかもしれない。

ヒトコトヌシとは、そうした「言」や「事」をヒトコトで示すことが可能な神性を表した名と捉えられる。託宣《たくせん》の神と解され、現代において一言の願いを叶える神として信仰されているのも、それ故であるだろう。土地の人々によると、現在の「葛城一言主神社」の社殿あたりからは、大和盆地が一望できるという。古代に大きな勢力を誇った葛城氏の本拠地であったことに思いを馳せながら、ヒトコトヌシの伝承を追った。

雄略天皇との出会い

まずは、基礎資料となる記紀を読み比べておきたい。周知のとおり、記紀の原文はすべて漢字で書かれてあるが、便宜上書き下し文を中心に掲げ、必要な箇所は原文を示した。すべて小学館新編日本古典文学全集『古事記』『日本書紀②』に拠る。

そもそも雄略天皇が葛城山を訪れた理由が、両書で根本的に異なっている。記では、「百官《もものつかさ》の人等、悉《ことごと》く紅の紐を著《つ》けたる青摺《あをずり》の衣を給はりて服《き》たり」と、正装させた百官を従えた行幸であると設定され、紀では遊猟とされる。しかも紀においては、百官は描かれず、以降はヒトコトヌシと天皇の一対一のエピソードとなる。

天皇とヒトコトヌシとの出会いの場面描写も異なる。記では向かい合う尾根から登ってくる「人」を見つけ、それが天皇一行とまったく同じいでたちであったという。「鹵簿《みゆきのつら》」と、中国の天子の行列を表す言葉が使用されており、この時の葛城山行きが百官を伴う儀礼的な訪れであったことを示す。一方、紀では突然「長人《たけたかきひと》（背の高い人）」が現れ、「丹谷《たんこく》」に望んだとある。「丹谷」とは『文選』にも詠まれた神仙境の谷であり、紀は葛城山中で仙界に迷い込んだかのような様相を呈している。「長人」というのも、常人とは違う存在であることをほのめかすようである。

また、共通してヒトコトヌシが天皇と「相似」であったと記されるが、記では天皇だけでなく百官のいでたちに至るまで「相似」であり、紀では「面貌容儀《かほすがた》」が天皇に「相似」であると記す。

これらの出会いの相違の意義は、以下の点を踏まえればより理解しやすい。記において、雄略天皇は天皇行幸と同じ様子の一行に出会い、この倭国に私のほかに王は無いと誰何《すいか》するが、相手方も同様に言葉を発するばかりであった。そこで天皇は大いに怒り、百官とともに矢をつがえたが、またしても相手方は同じ動作をしたとある。さながら、やまびこ現象か鏡の向こうを見ているかのようなあり様である。

　天皇は再び、相手に名を名乗れと言い、加えて、互いに名乗ってから矢を放とうとも言った。そこでようやく相手が、先に問われたので先に名乗りをしようと言い「葛城之一言主之大神」が顕現する。天皇は畏れ敬って「我が大神」と呼びかけ、自分は現身の人間なので相手が神であることに気づかなかったと詫びた上で、身につけていた弓矢や百官の衣服を献上した。「大神」は手を打ち、受け取ったとある。これらは祭祀の際の仕様であると指摘されている。

　他方で、紀においては、天皇ははじめから「是《これ》神なり」と認識した上で、あえてどちらの「公《きみ》」かと問う。問われた長人は自らが「現人之神《あらひとがみ》」であることを明かしつつ、「王」の名を先に告げるよう促す。天皇は「朕は是幼《わか》武尊《たけるのみこと》なり」と名乗り、続いて長人が「僕《われ》は是一事主神なり」と答える。その後はともに一匹の鹿を追い、日暮れまで狩を楽しむ様が描かれ、まるで仙人に会ったようだったと記されている。

名が表す本性

記紀の大きな違いは、記が両者を対等もしくは「葛城之一言主之神」を上位者のように描くのに対して、紀では「王」と「公」、「朕」と「僕」とあり、「一事主神」を下位に置いた上下関係が明確に表現されている点である。

古くは、名を表すことがものの本性を顕現することであると考えられていた。日本神話において神名だけが表された例は多く、原則として日本の神々は人間の目には見えないといってよい。たとえば天地初発時の神々は、忽然と成り、すぐに身を隠して人間の目には見えなくなるが、その生まれ出でた意義は、世界の根源を表すような神名によって端的に示されているといえる。

また、古代における求婚が名を尋ねることであったことは、『万葉集』に載る雄略天皇歌（1一）や海石榴市《つばいち》の歌垣《うたがき》の歌（12三一〇一、三一〇二）などでよく知られている。名はものの本質・本性そのものであり、言霊《ことだま》信仰ともいうように、言葉には魂が宿ると感得されていたのだろう。

そうした古代において、ヒトコトヌシは自らを「悪《あ》しき事なりとも一言、善《よ》き事なりとも一言、言ひ離《はな》つ神」（記）であるとしている。すべてを「一言」で「言い離つ」とは、あらゆる言とそこに宿る本性を明らかにできる神性を持つものと考えられる。天皇と対等に描かれることも、天照大神などと同じく「大神」と記されるのも、宜《むべ》なるかなと思わせる。紀では単に「神」とあり、しかも天皇がはじめからそれを見切っているさまが描かれている。

記紀それぞれのエピソードは、ヒトコトヌシが天皇を送ることによって締めくくられる。記では、天皇を「長谷《はつせ》の山口」まで送ったとある。その際に「大神満山末」とあるのは難解とされており、誤字説もある。しかし、大神の神威が山の末にまで充溢《じゆういつ》している状態の描写とみることも可能なのではないだろうか。そうであるとすれば、天皇が「葛城之一言主之大神」を顕現させ、葛城山に祀り、その神威によって御所である泊瀬《はつせ》朝倉宮《あさくらのみや》に至るまで加護されたのだと理解できる。記は、最後に大神がこのときに顕現したことを記し、そのことが雄略天皇の人物造形において一役買ったとみられる。一方、紀では、神が天皇を「来目水《くめのかは》」（久米川）まで送り、それを知った民たちは「有徳」の天皇であると言ったという。あくまで天皇が主体であり、「一事主神」はその徳を証明するいわば一事例に過ぎない。

すべては葛城へ

こうした記紀における扱いの相違は、はじめに述べたとおりそれぞれの書物中でこの神に与えられた名が役割と性格を象徴している。

他方で、後世のさまざまな伝承の内容とこれら記紀の内容とは、その詳細においてずいぶん異なっている。そこには葛城という土地の特性が作用したと考えられる。

『続日本紀』文武天皇三年五月条には、かの役小角《えんのおづぬ》が伊豆に配流された記事が載る。その中で、はじめに小角が住んでいた場所が「葛木山」であり、彼が呪法により鬼神を使役して水を汲んだり薪を取らせたりしたことが世に知られていたとある。紀において葛城山が神仙境のように描かれていたことを彷彿するが、具体的な内容は合致しない。

この記事は『日本霊異記』上巻第二十八縁との影響関係が指摘されている。主人公である役の優婆塞《うばそく》は賀茂の役の君《え》であり、高鴨朝臣という者であり、厳しい修行により仙術を身につけ、鬼神を使役したとある。鬼神に金峰山と葛城山との間に橋を架けさせようとしたとき、人間にのり移って、役の優婆塞が陰謀を企てていると天皇に讒言したのが「葛木峰一語主大神《かづらきのたけのひとことぬしのおほかみ》」であると記されている。最後は、罪を許された役の優婆塞に呪縛されてしまう。前半部に文武《もんむ》天皇の御代（六九七〜七〇七）と書かれながら、後半には道照《どうしょう》（昭）法師が在唐の時（六五三〜六六一）に役の優婆塞と邂逅したことが書かれてもおり、さまざまな要素が融合しているとみられる。このとき「葛木峰一語主大神」は人にのり移らねば言葉を伝えることができず、しかもそれが讒言だと描かれている点で、ヒトコトヌシの神性は変質してしまっていることがうかがえる。

同様の話は『三宝絵詞』（中巻）や『今昔物語集』（巻第十一）にもみえる。

石を築いて架橋をはじめた鬼神たちは、己の容貌の醜さゆえに夜だけの作業を求めるが、役行者はそれを認めず、結果命令に従わなかったヒトコトヌシを呪縛して谷底に置いたとする。

こうした容貌が醜い神と岩橋という要素は、和歌の世界にも流入した。『後撰和歌集』（11七七五、13九八六、九八七）、『拾遺和歌集』（12七一九、14八六三、19一二三七）、『新古今和歌集』（11一〇六一、15一四〇六）などにおいて、役小角が鬼神に橋を架けさせようとした挿話が下敷きとなった「久米道《くめじ》の岩橋」や「久米道の橋」という歌語が、男女の愛の契りが中断することの譬えとして詠まれている。なお、古代にも軽の衢《ちまた》（奈良県橿原市石川町・久米町）から久米を通り、葛城一言主神社へと斜めにのびた「久米路」があったとされている。この古道は、さらに水越峠へと続いていたという。

また、謡曲「葛城」でも架橋のエピソードが下敷きとなっているが、ここでは一言主神が女性の神として描かれる。仏法の岩橋を渡さなかった咎により身を縛られ、天人五衰の苦しみを味わっている女神は、山伏の勤行により

ヒトコトヌシを祀る土佐国一ノ宮・土佐神社（高知県高知市）

顕現して大和舞を舞うが、その容貌の醜さを恥じて岩戸に身を隠す。高天原の岩戸が葛城山にあるという当時の信仰に拠るらしい。

また、『続日本紀』天平宝字八年十一月七日条には、賀茂氏出身の法臣・円興《えんこう》らの言により「高鴨神」を大和国葛上郡に復祠した記事がある。それによれば、この神は雄略天皇と狩を競ったために土佐国に流された「老人」（高鴨神の化身）として顕現したという。そのエピソードには記紀との類似点が認められるものの、やはり相違点の方が勝っている。

土佐の高鴨神については、『釈日本紀』に引用された「土佐国風土記」逸文に「一言主尊」とみえる。同文中には一説に「味鉏高彦根尊」ともあり、賀茂氏の奉祭する神と同一視されていたようである。なお、『延喜式』神名には「葛木坐一言主神社」と「高鴨阿治須岐託彦根命神社　四座」とがそれぞれみえる。

ヒトコトヌシが顕現した地に創建されたと伝わる現在の「葛城一言主神社」の祭神は、一言主大神と大泊瀬幼武尊（雄略天皇）であるが、『神社明細帳』には事代主命と幼武尊とある。「事代主命」は出雲の大国主命の子で、託宣の神とされていることから混同されたのではないかと指摘されている。

ヒトコトヌシを祀る神社

ヒトコトヌシを祀る神社として、葛城一言主神社（奈良県御所市）、土佐神社（高知市）、一言主神社（茨城県常総市）が知られている。

第三章

異端の神々の正体

アラハバキ

全国に祀られる客人神

高橋輝雄

「東日流外三郡志」の発見で脚光をあびた、
東国で根強く信仰される客人神。
旅、生殖などさまざまな性格をもつ民俗神の正体とは

アラハバキは記紀や古風土記にその名が見えず、確たる伝承も聞かれず、由来もわからないまま各地で小祠などにひっそりと祀られてきた神である。長い歴史のなかで記憶の底に深く沈み込んでいき、来歴や神格や神名の意味すらよくわからなくなっている民俗神は少なくない。アラハバキもそうした

神々のなかの一つである。

この忘れられかけていたアラハバキが一転して注目されるようになったのは、青森県五所川原市の和田喜八郎氏所蔵古文書群を編纂した、七〇年代の『市浦村史資料編』（市浦村）や八〇年代の『東日流《つがる》外三郡誌』（北方新社）がきっかけだった。それらにはアラハバキが前古代～古代東北文化の中心に位置する大いなる神としてあったとの事跡が詳細に記されている。人々の関心を集めた理由もそこにあったが、現在では各種の調査を通してすべて偽書であることが明らかになっている。

アラハバキとは

アラハバキについて知られることは少ないのだが、本稿では以下にこれまでに明らかにされている主な事柄を整理・列記し、それらを通してどのような神のかたちが描けるのかを民間信仰の観点で考えてみたい。

（1）アラハバキの漢字表記には、荒脛巾、荒覇吐、荒波々伎、荒羽々気、阿良波々岐、阿羅波婆枳、阿羅波婆岐、麁脛、荒脛、荒吐、荒羽祇などがある。脛巾《はばき》とは、旅に出る時などにすねに巻きつけて紐で結んだ、歩きやすくするため、また足を保護するために作られた藁製や布製のはきものである。神名の由来を脛巾に求めて「脛巾を着けて現れる神」とする見方もある。

（2）近代以前にアラハバキの名は次の三書をはじめとする江戸期の文献に散見される。

○仙台藩が編纂した地誌『封内地誌』（一七六三～七二年）。鹽竃《しおがま》神社の末社（宮城県多賀城市市川奏社の多賀城古址に鎮座）について、「阿良波々岐明神社　何時勧請せるや不詳と云い伝う。一宮末社也。之を祈み報賽する者は脛巾を献ず」とある。

○紀行家・菅江真澄《すがえますみ》の紀行文集『真澄遊覧記』。青森のある森の小祠に脛巾の神としてアラハバキ神が祭られていたので、自分の故郷の砥鹿《とが》神社

多賀城跡に建つ荒脛巾神社（上・宮城県多賀城市）と氷川神社の摂社・門客人神社（さいたま市大宮区）

（愛知県宝飯郡一宮町）にもアラハバキ神の小祠があったことを想い出し、これと同じ神かと思ったと記されている（一七九六年の記事）。

○江戸期の地誌『新編武蔵国風土記稿』（昌平坂学問所一八一〇〜三〇年）。足立郡之十九大宮領の氷川神社摂社門客人社の項に「古は荒脛巾神社と号せし」とあり、神職の氷川内記が「門客人社と改め手摩乳《てなずち》・脚摩乳《あしなずち》二座を配した」と記されている。

（3）信仰習俗としては次の二例がよく知られている。

○宮城県鹽竈神社末社の阿良波々岐明神社。アラハバキ神は地元の人々から「おきゃくさん」とも呼ばれ、「足の神」として旅人の尊崇を集めてきたと伝えられている。参詣者は草鞋、草履、脛巾、脚絆などを奉納する。また「下半身の神」ともされ、男根や女陰をかたどった物も奉納されている。そのほかハサミなど鉄製の物を奉納する人もある。

○宮城県玉造郡の荒脛神社（岩出山町下一栗。小字が荒脛巾）。みずいぼ

（水疱瘡）を治してくれる神として知られ、穴の空いた石やタコの足が奉納されている。

（4）神格や性格については次のような様々な見解がある。

○足の神、旅の神、下半身（生殖＝生産）の神。宮城県鹽竈神社末社・阿良波々岐明神社の信仰習俗などから。

○疫神。宮城県玉造郡・荒脛神社の信仰習俗などから。疫神は祀ることで疫病を防ぐ神へと転化する。

○蛇神。蛇の古語に「ハハ」があることから、「ハハキ」は「蛇木」であり、古くは直立する樹木を蛇に見立てて祭事を行なったとするもの（吉野裕子氏）。

○塞の神、エミシ神。宮城県鹽竈神社末社の阿良波々岐明神社は、エミシ制圧の拠点として築かれた多賀城の区画のすぐ外に祀られているが、これは外敵のエミシの威力を遮るために「蝦夷をもって蝦夷を制す」政策から、エミシの神であるアラハバキを塞の神として祀ったもので、同様に玉造柵にも荒脛神社が祀られている（谷川健一氏）。道辻などに道祖神として祀られている例も多い（道祖神も塞の神である）。

○鍛冶神、製鉄神。鉄器を供えた例がある。神社近くから砂鉄が出る所も少なくない。荒吐はアラ（鉄滓）ハキ、ブキ（吐き）に通じ、伝統的な銅鉱精錬法の最初の段階で鉱石を吹き溶かすことをアラブキという。製鉄技術は古くは異人の呪術とみなされた。

○竈神。竈神の通称「荒神」に通じ、荒神には塞の神の性格もある。

○産神。海辺の産小屋の砂を箒《ははき》で掃き清める習俗からハハキ神とするもの。

○渡来神。ヒンズー教の夜叉アーラヴァカ・ヤクシャの音訳（近江雅和氏）。

（5）公表されている複数の調査を総合すると、アラハバキ系とみなされている神社や小祠の分布は次のように概観できる。

○明らかにアラハバキ系神社といえるものには、アラハバキ、アラバキの名をもつもの、今は違う名称になっているが以前はアラハバキ社などと称したという伝承があるもの、アラハバキの名称を他に変更したことが記録上わかっているものの三つがある。これに相当するものは、東北、関東、甲信越、三河の順に濃い分布を見せている。三河を除く中部以西の地域には、アラハバキ、アラバキの名をもつ神社や小祠は見あたらない。

○旧武蔵国足立郡にはかつて荒脛社と呼ばれたものが多数あるが、その大部分が氷川神社の末社である。氷川神社の名は出雲国の肥《ひ》の河（斐伊《ひい》川）に因むとの記録がある。アラハバキ系とみられる神社の祭神には出雲系・国つ神系の神々が多数見られる。

○門客人社、客人社、客神社の多くがアラハバキ系と推測されている。中部以西の地域でアラハバキ系とされている神社や小祠の大部分はこれに相当しているが、祭神などから推測して元はアラハバキ社だったとされるものも含まれている。

○アラハバキ系と推測される神社が見あたらない地域は、長野、岐阜、石川、富山、福井、滋賀、京都、奈良、徳島、香川、長崎を除く九州各県、沖縄となる。

以上から最も描きやすいのは、アラハバキを特徴づけている東国（とくに東北）、エミシ、門客人神、足の神・旅の神、疫神、塞の神、蛇神、鍛冶神、竈神などが、定着生活を送る常民にとっての「遥か彼方の異郷（他界）、から訪れてくる異人、に由来する強い霊力や呪力」と強くかかわっていることだろう。

なかでも確実なことは、古くはエミシ制圧の前線基地としての多賀城（多賀柵）や玉造柵にアラハバキが祀られており、現在では多賀城市・阿良波々岐明神社で足の神・下半身の神として、玉造郡・荒脛神社でみずいぼを治す神として信仰されていることである。ここでのアラハバキの性格はサエノカミ（塞の神・道祖神）そのものである。民間信仰では、サエノカミは村境や峠などにおり、外部から村落へ侵入してくる疫神や悪霊などを防いだり、追い払ったりする神だが、同時に行路の神、旅の神、生殖の神（男根や男女神をかたどる神像もある）でもある。

二つの性格

サエノカミと密接にかかわってくるのが、アラハバキが門客人《カドマロウド》と同一視されていることである。門客人は門神と客人神が結びついたものと考えられ、門神は家や施設の敷地・区域内を悪霊から守護する点で、サエノカミと酷似している。門神については、古代に宮廷警護のために異族であるハヤトが宮廷の門前に立ち、犬が吠える声を発する呪術によって悪霊の侵入を防いだことが知られる。神社の入り口に配されるコマイヌも同様に悪霊退散の意義をもっている。いずれも聖域を守る霊力を放つのである。

ハヤトが門神の役割を果たしていたように、アラハバキもエミシ征討前線基地の門神として祀られていたと考えられる。アラハバキはハヤトのように異族の名称ではないと推測できるが、異族が信仰する力強い呪力にかかわる霊的存在だった可能性は高い。谷川健一氏はこの点を『白鳥伝説』（集英社）で詳しく検証している。

一方、客人神は異郷からの訪問神でマレビト（マロウド）とも呼ばれる。海の彼方の地や山中にあるとされる命の源をなす豊穣の国＝常世国《とこよのくに》から、村々へ豊かな実りを祝福しにやって来る異形の訪問神がマレビトである。村々では、マレビトを賓客として歓待し送り返す祭事が全国的に行なわれてきた。片足とされる御大師様、仮面を付けて登場する秋田のナマハゲや沖縄のアカマタ・クロマタもこの神である。マレビトは人や動物の姿を借りて姿を現した神とも、人や動物に憑依《ひょうい》して現れた神とも、また神の子・神の言葉や霊力を伝える神の使者とも考えられてきた。

柳《やなぎ》田國男《たくにお》と折口信夫《おりぐちしのぶ》によれば、日本人の魂についての考えには大きく二つの性格がある。一つは常に生成、変化、流動し、一所不住にさすらう性格のもので、この状態の魂をモノ（精霊）と呼んだ。魂はそういう性格をもちながらも、一方では人々の願いに応じて一定の場所に集中して常在する性格をもつものとも考えられ、この状態の魂をカミ（神）と呼んだ。前者の霊魂観が、山中や地底、海の彼方の島や海底などの異郷（他界）から来訪する神への信仰となっていく。そして後者の霊魂観が、神社を中心とする鎮守の森の神への信仰となっていく。そして、この二つの信仰が複合を遂げていくなかで「モノを手厚く歓待して慰撫し、その荒々しさを祈り鎮めてカミと祀ることによって、祀る者に幸いをもたらしてくれる」という日本の神道に特有な信仰や祭事が形づくられたと考えられる。

サエノカミ、門神、客人神は、いずれもこうした信仰のあり方をよく物語っているといえる。サエノカミや門神として祀ることで、異郷の呪力をもって悪霊の侵入を防いでくれる。村を訪れ来る客人神と祀ることで、異郷の産出力を伝えて恵みをもたらせてくれる。アラハバキはこの二つを合わせた門客人として信仰されていたと思われる。

もう一つ、柳田國男が神の従者のような存在をミサキとも呼ぶとして、「門客人もしくは荒脛巾」も、もとはそれと同じ神だったと述べている（「雷神信仰の変遷」『妹の力』所収）ことに注目したい。ミサキは「神の使者」の役割を務める小さな神々をいうが、柳田によれば「神の先鋒《せんぽう》（先鉾）」「神と人間との中間の人」「神と人との仲介者」「神の力を人間に持ち伝える存在」「巫者の家の始祖と伝える神の子」である（同前）。

ミサキには、聖処女（玉依姫など）が産んだ神の子、御大師様やナマハゲやアカマタ・クロマタのような異形の訪問神、神が憑依する依代《よりしろ》としての翁や幼童、門前で神の祝詞を伝える漂泊の宗教者、村や神社の巫者、また蛇、狐、猿、烏などの動物がある。そのように神と人との仲介役を果たす様々な霊的存在があり、各地の神社では一括して神の従者・眷属《けんぞく》とし、末社・摂社などの形で境内や近辺の小祠に祀ることが行なわれてきた。アラハバキも多くは同じ祀られ方をしている。

東国・サエノカミ・門神・客人神から拡張できるイメージを求めれば、アラハバキは開拓や進軍で東へ向かって行くとき、「神の力を人間に持ち伝える」威力をよく発揮してくれるミサキ（先鋒）という像が得られるのではないだろうか。

アマミキョ

南方神話に登場する琉球の創世神

土屋 久

琉球の創世神として登場する祖先神。
新たな物語として奄美・沖縄地方に受けつがれる神の変遷をたどる

琉球開闢の祖神

アマミキョは、沖縄・奄美《あまみ》に分布する神格である。伝承では、男神シネリキョの妻とする例が多い。表記のしかたにはさまざまなヴァリエーションがあり、シネリキョとともに列記してみると、例えば、アマミキュ・シネリキュ、「阿摩弥姑（アマミコ）」・「志仁礼久（シニレク）」、アマミク・シニリクなどがよく知られている。

また、アマミキョは琉球《りゅうきゅう》を創世した神として神話では描かれる。琉球王府によって編纂された古歌謡（オモロ）集である『おもろさうし』琉球開《かい》闢《びゃく》のオモロには次のようにある。

昔、天地の初めに／太陽神は／美しく照り輝き給え／昔、天地の初めに（太陽神は、美しく照り輝き給え）／太陽神一郎子が／太陽神八郎子が／天上から見おろしてみると／鎮座して見おろしてみると（島はまだできていませんでした。そこで太陽神は）／アマミキョをお招きになり／シネリキョをお招きになり／島を造れと仰せになり／国を造れと仰せになり／たくさんの島々／たくさんの国々を（造ることになりました）／島を造るまで／国を造るまで／太陽神はたいそう待ちわびて／太陽神

はひどく待ちわびて／アマミヤ人を生むな／シネリヤ人を生むな／血統の正しい人を生み給え（と仰せになりました）

（訳・外間守善）

アマミキョが太陽神の命を受けて国づくりを始めたことが記されている。しかし、アマミキョの国づくりがなかなか完成しないことを太陽神はもどかしく思い、アマミキョの血統を生むな、天界の末裔である血統の正しい人を生みなさいと書かれる。ここには、天上世界の主神は太陽神、従神がアマミキョ（祖先神）という構図が形成されているわけであるが、このあたりの経緯を外間守善は「沖縄の民間信仰であり、村落レベルにおける祖先神的性格のアマミキョの上に、王国の理念をつくりあげた尚真《しょうしん》王時代という歴史的時点で太陽神が位置づけられた」（『おもろさうし』）としている。

『おもろさうし』に描かれた琉球開闢神話と同様の話は、袋中（来琉した浄土宗の僧）が著した『琉球神道記』（一六〇八）や琉球王朝の正史『中山世《ちゅうざんせい》

与論島

鑑《かん》』（一六五〇）その他にもみられる。このうち、『中山世鑑』には、アマミクが天帝からもらった土石草木を使って島々国々を造っていく話が、具体的な地名とともに語られる。それによると、
「まず第一に国頭の辺戸の安須森、次に今帰仁《なきじん》のカナヒヤブ、次に知念森、サイハ嶽、ヤブサツの浦原、次に玉城アマツヅ、次に久高島コバウ森、次

に首里森真玉森、次に島々国々の嶽々森々をつくった」とある。

また、『中山世鑑』にはアマミク一神のみが登場し、『おもろさうし』に描かれるシネリキョに相当する神格は登場しない。しかし、二神が登場しているようにみえる『おもろさうし』も、この書には対句によって同一事物を繰り返すやり方がしばしばみられることから、『おもろさうし』に描かれるアマミキョとシネリキョを同一神とみなす研究者も多い。

稲作伝承とアマミキョ

アマミキョは、稲作とともに語られることも多々ある。以下に伊平屋島《いへやじま》のミセセル（神託）から、関連部分を引いてみよう。

アマミキョの初め／シネリキョの初め／テルキャチの金庭／ナデシニョの金庭／祝女誇れ大男／主誇れ大男／角高（牛）を企んで／足四つ

（牛）を企んで／新田をこねて／底田をこねて／十月になると／吉き日を選んで／甘種を蒔き降ろして／白種を蒔き降ろして／つや三月になると／つや四月になると／潮（水）を計って植えておいて／澪を計って植えておいて／白根を差して萌え付いて／赤根を指して萌え付いて／あお（聖域）に垂れて萌えて／しけ（聖域）に垂れて萌えて／八枝差して生まらせて／十枝差して歓えて／五月になると／白もも（成熟）になったら／赤もも（成熟）になったら／穂先を取って／アマミキョに捧げて立派な祭りをせよ／穂本を取って／祝女神に　捧げて立派な祭りをせよ／真北風が吹くと／真南の畔に打ち積み／真南風が吹くと／真北の畔に打ち積み／畦の形がわからないほど稔る／秋（収穫）の鎌を持つ持つ／秋（収穫）の鎌を持つ持つ／八つ俣（倉）に刈り満たせて／庭まで積み余す

（『南島歌謡大成』Ⅰ）

アマミキョが稲作の始まりとともに語られるこのミセセルには、稲作の手順や実った稲をアマミキョに捧げる祭りについても記されている。

琉球列島への稲作の伝播については諸説あり、アマミキョとの関わりで外間守善は次のような説を展開する。

彼は、沖縄本島北端の辺戸に残る「島渡りのウムイ」という神歌に注目するのだが、この神歌では、祖先たちが渡り着いた島の名前を歌い上げていく。まず神歌は、くらげなす漂える島から沖永良部島《おきのえらぶじま》がなり、そこから徳之島《とくのしま》、喜界島《きかいじま》、大和《やまと》、天竺《てんじく》への道への展開と、伊平屋島、中森の島を経て辺戸の安須森に定住したことを謡っている。外間は、この神歌を謡う辺戸の古老たちは、祖先神たちが沖永良部島、与論島《よろんとう》から渡ってきて辺戸にとりつき、辺戸から沖縄の歴史が始まったことをかたく信じているという話を載せている。彼は、右記の事例とウムイ、クェーナ、オタカベなどとよばれる神歌や創世を伝える神話等を総合して、次のように稲作の二つの南下コースを指摘する。

与論島→伊平屋島→伊是名島→粟国島→座間味島→久米島

与論島→辺戸→奥→安田→安波→平良→汀間→伊計島→平安座島→浜比嘉島→勝連半島

そして、外間は稲作とともに北方から琉球列島に入って来たのがアマミク族であるとするのである。彼の説に立つならば、アマミキョという神の素性は太古に稲作を携え琉球列島に南下して来た人たちということになるのであろう。

「兄妹始祖神話」とアマミキョ

次に、吉成直樹の説を紹介しよう。

彼は、沖縄の島々に南下して住み着いた人びとの故郷がアマミやアマミヤであり、その故郷に住む人びとがアマミキョであるとする従来の説に異論を唱える。端的にいえば、彼は、アマミキョはシネリキョとともに、沖縄や奄美に広がる「兄妹始祖神話」にみられる兄妹二神であるという。

「兄妹始祖神話」とは、兄妹が原夫婦になったことを語る神話であり、例えば次のような話が伝えられる。

最初の人兄妹此の国に降りて来て海岸で貝を拾って生活して居った。或日海鳥が来て、その首尾を揺かすを見て彼等は交道を知った。その所は今の今帰仁村の古古宇利島（恋の島）であった。（佐喜真興英『南島説話』）

また、与論島では、アマミキョとシネリキョが兄妹関係にあるとする話が伝えられている。

昔、与論島ができない前にアマミクとシヌグクという妹と兄とが舟に乗って遠くへ行ったところ、舟の楫が瀬にひっかかって舟が止まった。二人が瀬に下り立つと波の上に瀬が盛り上がって島になり、これが与論島になった。二人は二羽の鳥がくなぎ合うのを見て、夫婦になり、島の子孫をひろげた。（小野重朗『奄美民俗文化の研究』）

この「兄妹始祖神話」と、やはり沖縄・奄美各地にみられる「土中からの始祖神話」が複合した形態の伝承も存在する。奄美大島の笠利町宇宿では、昔、人殺しにより村人が皆殺しされてしまい、兄と妹だけが田の中に穴を掘り、鍋をかぶせて生き残り、この後二人が結婚して子孫が増えたと伝えられる。また、沖縄の伊平屋島のクマヤーとよばれる洞窟にまつわる伝承に、大昔、この洞窟に隠れていた村人が敵の火攻めにより全滅し、生き残った兄妹が夫婦になって島を建設した、とある（大林太良「琉球神話と周囲諸民族神話との比較」）。

こうした「土中からの兄妹始祖神話」とでもいうべき神話の上に、天から降りてくる神という観念が覆いかぶさり、先の『おもろさうし』にみられるように、アマミキヨ、シネリキヨを天から降臨する神に変容させたと吉成は説くのである。

生成する神話・伝承

アマミキョにまつわる神話や伝承は、民間信仰やシャマニックな体験の中でさまざまな展開をみせている。

沖縄本島から海中道路を伝って、平安座島から右手に折れると浜比嘉島がある。筆者は、この島を、四年程前にユタとユタになるための修行をされている方と三人で訪れたことがある。ユタになるためには、沖縄各地の御嶽《うたき》や拝所を祈願しながらまわっていかねばならないが、その重要な場所の一つが、浜比嘉島にあるアマミチュー（アマミキヨ）の墓とされる場所である。筆者が同行を許された旅は、アマミチューにユタになるための力を頂くウガンだったわけである。

ところで、この場所の説明文として平成七年に勝連町教育委員会が建てた碑には次のように書かれている。

「宇比嘉の東方海岸にアマンジと呼ばれる岩屋の小島があり、そこに洞穴を

お墓の前でお祈りをするユタ

囲い込んだ墓がある。地元では琉球開びゃく伝説で有名なアマミチュー、シルミチューの男女二神及び他の神が祀られていると伝えられている。毎年、年頭拝みには宇比嘉のノロ(祝女)が中心となって島の人々多数が参加して、豊穣・無病息災・子孫繁昌を祈願している。

また、古くから各地

からの参拝者が絶えない、信仰圏の広い貴重な霊場である。」

また、アマミチューの墓とされる場所からほど近い所に大きな洞穴があり、そこはアマミチューとシルミチューの居住した所だとされ、中にある鍾乳石の石は子宝を授かる石として信仰されているという。

ちなみに、本土側の神話・伝承の中に、アマミキョ、シネリキョが見られる例があるので、最後にふれておきたい。

『異境備忘録』と題された書物は、土佐国潮江天満宮神職で宮地神仙道の祖宮地堅磐（水位とも。一八五二〜一九〇四）のシャマニックな体験をもとに、神仙の住む「異界」の様子を記録したものとして知られている。その中で堅磐が、明治元年一月十九日に杉山僧正という神仙に連れられて、四国の南溟に位置する妹背二別島で開かれる山人等の会議に赴くくだりがある。そこに次のようにアマミキョ、シネリキョが登場する。

「天風胤子。ヤマトヲホジミコの二人は当夜の会議長と見えたり此二人のことを杉山僧正に問へバ天風胤子は『アマミキユ。シネリキユ』といふ神の眷《けん》属《ぞく》にて綏靖《すいぜい》天皇十二年に入りし人なり」。

ここでいう「天風胤子」は、琉球から出席した「山人」とされている。江戸時代、薩摩国を目指した琉球船が黒潮の分流に間違って乗ってしまい、土佐に漂着することが多々あったという（『大島筆記』など）。アマミキョもこの黒潮の流れに乗ってやって来たのかもしれない。

民間信仰における展開にしろ、宮地神仙道の他界観にしろ、アマミキョをめぐる新しい神話・伝承を生成する構想力の現れといえよう。

【主な参考文献】

外間守善『おもろさうし』岩波書店
『日本語の世界9』岩波書店
吉成直樹『琉球民俗の底流』古今書院
『琉球王国誕生』森話社
宮地水位『異境備忘録』神仙道本部

伊豆能売

近代に復活した謎の埋没神

奈良泰秀

古事記にただ一度だけ登場するも、尊称がつかなかった埋没神。
近代に入り、大本教の隆盛とともに突如、復活をとげた

伊豆能売はミステリアスな神である。謎が多く、忘却の彼方に押しやられても不思議ではない神である。神名を残すのみで埋没して不明となった神は他にも存在する。

だが、伊豆能売は数奇な運命を辿り現代に甦っている。

熱海に、浄霊という手かざし系教団の総本山ともなる、世界救世教という

教団がある。立教は昭和十年。大本の幹部だった岡田茂吉が創始した。救世教は現在まで数多くの分派教団を派生させているが、救世教自体も二十五年ほど前に内紛で三派に分裂し、その後の和解合意で三派は世界救世教の被包括団体となった。現在、救世教には3教団が並立している。東方の光、主之光教団、そして、いづのめ教団。それぞれ教祖の教えに忠実な命名の教団名だが、岡田茂吉が唱えた大本経由の「いづのめ神観」は救世教の分派教団にも色濃く投影されている。教団名にいづのめの名が冠されるに到るまで、どのような軌跡があったのか。

十四柱の神

伊豆能売は『古事記』にただ一度だけ登場し、『日本書紀』には現れない。黄泉国《よみのくに》を尋ねていった伊邪那岐命《いざなぎのみこと》は、黄泉比良坂《よもつひらさか》で伊邪那美命《いざなみのみこと》に離別を宣告して帰って来る。

〝筑紫《つくし》の日向《ひむか》の橘《たちばな》の小門《をど》の阿波岐原《あわぎはら》〟に着くと、黄泉国で触れた穢れを清めようと禊祓《みそぎはらえ》をされる。禊《みそぎ》は〝水《み》（身）滌《そ》ぎ〟で水を使う。流れが速く足を取られる上流でなく、緩やかだが底の深い下流でもなく、〝流れのほどよい中つ瀬〟で水中に入られる。

すると、そこで黄泉国の汚垢《けがれ》に因《よ》って八十禍津日神《やそまがつひかみ》と大禍津日神《おほまがつひのかみ》の二神が誕生する。次にこの禍《まが》をもとの状態に直そうとして誕生する神が「神直毘神《かむなほびのかみ》、大直毘神《おほなほびのかみ》、次に伊豆能賣《いづのめ》（あはせて三神なり）」である。次に水底で身を清めると、海をつかさどる底津綿津見神《そこつわたつみのかみ》と航路をつかさどる底筒之男命《そこつつのをのみこと》が、そして水中では中津綿津見神《なかつわたつみのかみ》と中筒之男命《なかつつのをのみこと》、さら次に水の表面では上津綿《うわつわた》津見神《つみかみ》と上筒之男命《うわつつのをのみこと》が誕生する。続いて黄泉の国の穢れを見た左の目を洗うと天照大御神《あまてらすおほみかみ》、右の目を洗うと月読命《つくよみのみこと》、鼻を洗うと建速須佐之男命《たけはやすさのをのみこと》の「三貴子」が誕生する。併せて十四柱の神の出現を見るが、その一柱の伊豆能売に、他の神のように神や命の尊称はない。伊豆能売は生まれた経緯も働きも、一切不明のまま唐突なかたちで現れた。

伊豆能売を祀る加良比乃神社（三重県津市）

なぜ祀られたのか

古事記の古写本は大別して卜部《うらべ》系と伊勢系とがある。そこから各々の諸本が派生している。卜部系諸本は二十数本あり伊勢系より数が多い。名古屋の真福寺所蔵本が現存する最古の写本だが、そこには「右《みぎ》の件《くだり》の八十禍津日神《やそまがつひのかみ》以下《より》、速須佐之男命《はやすさのをのみこと》以前《まで》十柱《とはしら》の神は、御身を滌《そそ》くに因《よ》りて生《な》れる者《かみ》なり」とあり、十四柱ではなく十柱としている。『古事記傳』を著した本居宣長《もとおりのりなが》は、綿津見《わたつみ》三柱と筒之男《つつのを》三柱をそれぞれ一柱・一神と数え、十柱と解釈している。

古事記は何世代にもわたって写本されてきた。ときには誤写や加筆修正もある。宣長以前の神道家で外宮祠官の度会延佳《わたらいのぶよし》が神も命も付いていない伊豆能売に〝神〟を補った例もある。それが継承され伊豆能賣神《いづのめのかみ》として現れ、十柱の神を十四柱とする現代語訳があるとしても不思議ではない。また、宣長は伊豆能賣について、伊邪那岐・伊邪那美の神産みで生まれた水戸神《みなとのかみ》と称される河口をつかさどる兄妹神の、速秋津日子《はやあきつひこ》・速秋津日女《はやあきつひめ》二柱の神と同神であると断じ、「大祓詞」の祓戸四柱の一柱の、罪穢れを呑みこむ速開津比売《はやあきつひめ》とも比定している。

伊豆能売は『延喜式神名帳』に、出雲国・出雲郡五十八座に「同社神《おなじきやしろのかむ》魂伊豆能賣神社《たまいづのめのかみのやしろ》」との記載がある。記されてはいるが神社の所在は不明。この域内で伊豆能売を主祭神として祀る神社はない。消滅した神社名と神名を残すのみだが、中世以降か近代になり伊豆能売を奉祀したと思える神社が、ほんのわずかだが点在する。

しかし例外なく由緒が曖昧で神格や神徳に一貫性がなく、不可解さは共通している。二、三の神社の例を挙げる。

宮城県石巻市の式内社・鳥屋神社論社の鳥屋崎神社は、〝港湾の神・伊豆之姫命（伊豆能売）〟を祀る。社伝では新羅進攻に勲功のあった田道将軍が蝦夷征伐の途次、海上安全を祈願して鎮祭した。他の論社は祀るまでの由緒は同一だが、祭神はまったく違う。こちらは東征前に勅願した伊勢の猿田彦大神を祀ったとある。河口港湾の神としたのは宣長で、往古の伊豆能売鎮祭には疑問符が付く。

福岡県遠賀郡の伊豆神社は、伊豆能売神をイツモメノカミと読み、〃すべての穢れを祓う神〃として祀る。神社の建立時期は不明だが、こちらも「神」の付いた諸本後の勧請だろう。社記では神の付かない伊豆能売を神とは認めていない。三重県津市に元伊勢伝承の片樋宮跡に比定されている式内社・加《か》良《ら》比《ひ》乃《の》神社《じんじゃ》があり、天照大御神が当地ご退処後に、イザナギがアマテラスに与えた首飾りの御頸珠《みくびたま》を顕す御倉板挙神《みくらたなのかみ》と、伊豆能売の二柱を宮跡に祀って創始した伝承がある。御倉板挙神も伊豆能売と同様に古事記に一度だけ現れる不思議な神で、祀る神社もなく埋没した神である。神徳も違う謎の多い二神の奉斎に到る経緯は不明で、不可解なことおびただしい。

大本との邂逅

伊豆能売は他にも旧国幣大社の祓殿の祭神で祀られるなど、出自の曖昧さを抱え、十世紀前半に成立した神名帳に記されたまま、ひっそりと千年の時を過ごした。

そして甦った。

伊豆能売を近代に甦らせたのは、大本の出口王仁三郎である。大本は明治二十五年、開祖の出口ナオに艮《うしとら》の金神が憑かり、世の立替え・立直しの啓示を受けて開教した。身内の狂気と貧窮のなかでナオに神懸かるが、王仁三郎は開教数年後に、大本二代教主となるナオの末娘の婿となった。

出口王仁三郎夫妻

大本の草創期にはナオを支持する頑迷な一派が王仁三郎を排斥し、王仁三郎の身に危険すら及んだ。これを避けるように

王仁三郎は京都の皇典講究所に学んでいる。短期間だが建勲神社《けんくんじんじゃ》の主典に就き、のちには御嶽教理事も務めている。

国家宗祀となる神道の理論的基盤の脆弱さは他の宗教の監視を強める。ナオの過激な予言はたびたび警察の干渉を招くようになった。

信徒が減少していくなか、金神から与えられる自動書記の「お筆先」は絶えることなく続いた。王仁三郎は苦境に立つ土俗的な体質の教団に復帰するや、祭式行事を整え新たな組織を構築していった。

大本は世直し立て直しの理念の根幹に「霊主体従」を説く。人間は霊が主で体が従、霊魂が主で物質が従、霊界が本体で現界はその移写。ナオは霊主体従の神定が崩れて強い者勝ちの、「体主霊従《われよし》」の世を一貫して糾弾する。ナオは、外姿は女性だが内生は男性の変性男子（男霊女体）であり、厳霊《いづのみたま》の神格と縦となる役目を負う。対して王仁三郎は変性女子（女霊男体）で、瑞霊《みづのみたま》の神格と横の役目を担うとされた。

晩年のナオは「お筆先」の編修を王仁三郎に託す。難解な平仮名を正して完成した文書は、大本の最高教典『大本神諭』となる。ナオの艮の金神に対して王仁三郎には坤《ひつじさる》の金神や素盞嗚《すさのを》神が憑かっていたが、神諭編纂の過程で王仁三郎は新たな神霊、伊都能売と邂逅する。「神は万物普遍の霊にして人は天地経綸の司宰者なり。神人合一して茲《つと》に無限の権威を発揮す──」。大本の標語となる教示を与えた神こそが伊都能売である。

さらに王仁三郎が捉えた伊都能売は報・法・応の三身《しん》一体の観音であり、〝厳《いづ》の御魂《みたま》、瑞《みづ》の御魂《みたま》の神も、亦《ま》た伊都能売神の分身的活現《ぶんしんてきかつげん》〟なのであった。この厳・瑞二霊の結合が伊都能売の御霊《みたま》となる。のちに王仁三郎は自らこの御霊の霊威を以って理想を実現しようとしたのである。

次世代に向けて

ナオの昇天は厳霊・縦の役目の喪失を意味する。王仁三郎はナオの昇天直後からほぼ一年間、会報誌に『伊都能売神諭』を著す。そこでは二十七年間にわたってナオの筆先が示してきた経綸の表出を繰り返し伝えている。そして、変性男子と変性女子の御魂とが一つになり、〝弥々《いよいよ》伊都能売の御霊の御用の時到った〟ことを告げ、最終稿では、今までの変性男子の御役《おやく》は次に譲り、〝瑞《みづ》の身魂《みたま》に変性男子の御魂《みたま》を入れ替《かえ》て、伊都能売の身魂《みたま》と致して、真《まこと》実の御用を致さす様になりたるぞよ。〟と、自ら伊都能売の身魂として次なる活動の展開を高らかに宣言するのである。

だが、明治三十二年に稲荷講社の一分会「金明霊学会」からスタートして「大日本修斎会」「大本教《たいほん》」「皇道大本」とたびたび教団名を変えるも、一貫して唱える終末論的〝立て替え・立て直し〟は、国家体制にとり社会不安を煽る危険思想であった。幾度かの干渉の後に襲った大正十年の宗教弾圧事件は当然の帰着だったろう。

事件での収監を解かれると、王仁三郎は教団名を「大本」と改称する。同時に、のちに『大本神諭』と大本の二大教典となる『霊界物語』の口述を始めている。引き続き会報誌上で〝天地宇宙の一切の時、處を悉《ことごと》く照覧《しょうらん》する処の神〃伊都能売は、更なる神威を与えられ、絶対無限の慈悲の神、智慧の源泉、道義の本源の神と称えられた。この神と一体不離となり、活きた信念を具体化する真の修行が大本信徒の生活の理想とされた。

しかし、月日の経過とともに波瀾を巻き起こしながら巨大化する教団にあって、伊都能売の翳は次第に矮小化していく。社会改革を訴える対外的活動の展開は宗教的精神性の乖離を招いていった。

事件の前年、三十八歳で大本に入信した岡田茂吉は空白の期間はあったものの十四年間在籍し、ここで多くを学んだ。のちに茂吉は、大本教は私を世に出すために現れた宗教であると語っている。王仁三郎が『霊界物語』で示した「伊都能売の身魂は五六七《みろく》の身魂と称し、厳の身魂に偏せず、瑞の身魂に偏せず、厳、瑞の身魂を相調和したる完全無欠のもの」は、茂吉の霊的感性に継承された。

昭和十年に組織した大日本観音会発会席上の講話で茂吉は謂う。〃東洋文明は小乗的経《たて》の文明、西洋文明は大乗的緯《よこ》の文明。どちらも発達して爛熟期に入れば行き詰る。この二大文明は最後に結ばれるのが神定の経綸。それは東洋の婿と西洋の嫁の結婚、媒酌人は観音様。そうして生まれた子供が真文明、人類待望の理想世界、地上天国ミロクの世となる。この経緯《たてよこ》が結ばれ十字になると、霊体一致の絶大な力が生まれる。これを称して観音力といい、東方の光という〟。

茂吉の伊都能売の神観はこれに尽きる。

茂吉は立教前に千葉の鋸山で霊界での夜昼転換の啓示を受け、暗黒の夜の世界から光明の昼の世界へ向かう秋《とき》であること感悟している。茂吉は、新しい時代には東洋の精神文明と西洋の物質文明の結合、唯神・唯物の思想の調和が伊都能売の思想となると一貫して説いた。晩年にも伊都能売思想が今後の世界をリードする思想であり、深甚なる神の経綸であると強調している。

伊豆能売の原名の伊豆と霊線が繋がり、伊都能売は伊豆国・熱海から新たな息吹の広がりを見せた。伊都能売は王仁三郎の「伊都能売神の働き」から茂吉の「伊都能売の思想」へと進化した。救世教の分派教団は数が多い。大本分派と違い、ほぼ茂吉の浄霊法と伊都能売神観をベースにそれぞれ教義を組み立てている。自働力を備えた伊都能売は、次世代に向けてさらなる深化を見せるだろう。

風土記にのみ登場する神々の謎

伊和大神・大穴持命・香島天の大神

橋本雅之

大和朝廷の歴史を紡ぐ
記紀の神話だけでは語りきれぬ
各地に息づいた神々の世界を探る

古風土記に登場しない記紀の神々

与えられたテーマは「風土記にのみ登場する神々」であるが、それを理解するためにも、まず最初に古風土記《こふどき》（以下、奈良時代の風土記を総称する場合は「古風土記」で統一する）ではほとんど登場することのない記紀の神についいて説明してみたいと思う。そのような神として、まず注目されるのは天《あま》照大御神《てらすおおみかみ》であろう。記紀において、高天原《たかあまのはら》を領有し天孫邇邇芸命《てんそんににぎのみこと》の祖母神でもあるこの神は、古風土記においては『播磨国風土記《はりまくにふどき》』の次の記事の中にしか登場してこない。

難波高津《なにはたかつ》の宮に御宇《あめのした》しろしめしし天皇《すめらみこと》のみ世に、日向《ひむか》の肥人《ひのひと》、朝戸《あさと》の君、天照大神の坐《ゐま》せる舟に、猪《ゐ》を持ち参来りて進《たてまつ》りて、飼ふべき所を求《ま》ぎ申し仰《あふ》ぎき。

（賀毛郡、山田里、猪養野）

猪養野《いかいの》の地名起源を語るこの説話において天照大御神は、日向の肥人朝戸の君が猪を乗せた舟に祭られている神であり、ここでは高天原を領有する神として描かれていない。そもそも、古風土記においては天上界である高天原自体、あとにも詳しく述べるが『常陸国風土記』に一例登場するだけなのである。

次に、邇邇芸命の天孫降臨《てんそんこうりん》を先導した神として登場する猿田彦《さるたひこ》大神も、江戸時代に今井似閑《いまいじかん》が「風土記残篇」において採録した伊賀国風土記逸文《いがのくにふどきいつぶん》（しかもこれは、奈良時代の古風土記ではない）に一例登場するだけであり、奈良時代に成立した古風土記とその逸文には出てこない。のみならず、邇邇芸命の降臨に関しても、仙覚《せんがく》『萬葉集註釈《まんようしゆうちゆうしやく》』所引日向国風土記逸文に残されているだけである。

このように、古風土記においては記紀において重要な意味を持つ高天原の神や天孫降臨に関する記事はほとんど存在しないと言ってよい。

古風土記は地誌であり各地の実態を叙事的に記述する。また、地名起源説

邇邇芸命降臨の図

話を中心とする神話も各地の「今」を根拠づけるために記述されている。言い換えるならば、古風土記は、共時的な地理的空間を横糸として各国の産業・経済・生活を記録することを目的とし、かたや記紀は、通時的な時間軸を縦糸として大和朝廷成立の歴史を記すことを目的としているのである。したがって、記紀の目線で古風土記をみることは出来ない。同時に古風土記の目線で記紀をみることも出来ないのである。しかしながら、両者は、そのように役割分担をしながらも全体として古代律令国家の姿を描き出していると言える。その意味から言うならば、古風土記のみに登場する神々も、その全体像の中に位置付ける必要がある。

上代文学や古代史を考える場合、各資料の相対的価値を認め、かつそれらを全体として総合する構造的視点を持たねばならない。そのような大局的な視野に立ってはじめて研究も意味あるものとなるであろう。

古風土記にのみ登場する神（その一）

―『播磨国風土記』伊和大神―

古風土記の神々に注目し優れた業績を残した青木紀元氏は「中央集権の目的」というカッコ付きながらも、古風土記の記述から地方の具体的・実際的な神の信仰を見出すことができるのではないかと述べている（風間書房『日本神話の基礎的研究』）。

『播磨国風土記』の伊和大神《いわのおおかみ》は、そのような視点からみたとき注目される神

伊和神社（兵庫県宍粟市）

である。『播磨国風土記』によるとこの神の本拠地は、

伊和の村。【本の名は、神酒《みわ》なり】
大神《おほかみ》、酒《さけ》をこの村に醸《か》みたまふ。
故《かれ》、神酒の村と曰《い》ふ（以下略）。
（宍禾《しさは》郡）

と伝えられているように宍禾郡の伊和村にあった。それは、現在の兵庫県宍粟市一宮町にあたり、この地には今も伊和大神を祭る伊和神社が鎮座し播磨国一宮として信仰を集めている。

さて、先にも触れたようにこの伊和

大神に関する伝承は多く残されているが、その分布は、宍禾郡十二例（うち、二例は伊和大神の妻子神の伝承）・揖保郡五例（うち、妻子神伝承二例）・讃容郡五例（うち、妻子神伝承二例）・神前郡二例（うち、妻子神伝承一例）など、播磨国西部に片寄っており、賀古郡・印南郡・賀毛郡・美囊郡にはみられない。

そのような片寄りについて、青木紀元氏は伊和大神が宍禾郡から「漸次その周囲に信仰を伸ばして行った状況を思いみるべき」（前掲『日本神話の基礎的研究』）だと述べている。つまり、この神の伝承の分布は発祥地とその信仰圏の拡大を示すものだと考えられるのである。そして、そのような信仰圏の拡大は、

伊和の大神、国占《くにし》めましし時に、鹿、来たりて山の岑《みね》に立ちき。山の岑、是れまた墓に似たりき。故《かれ》、鹿来墓《かぐはか》と号《なづ》く。（揖保郡、香山里）

のように、多くは国占（くにしめ）神話として伝えられている。さらに、

国占《くにし》めましし時に、天《あめ》の日槍《ひぼこ》の命《みこと》、先に到りし処なり。伊和の大神、後に到りたまふ。ここに、大神、大《いた》く恠《あや》しとおもひて云《の》りたまひしく、「度《はか》らずありて先に到りしかも」とのりたまひき。故《かれ》、波加《はか》の村といふ。

（宍禾郡、雲箇《うるか》里、波加村）

のように、外来神との勢力争いの伝承もみられ、古代播磨地方における神々の信仰とその神を奉戴する豪族のせめぎ合いの歴史を垣間見ることが出来る。

そこに『播磨風土記』の重要な資料的価値があるが、これを『続日本紀《しょくにほんぎ》』和銅六年五月甲子の条に記された五項目にわたる地誌編纂の要求事項に応えるという風土記の論理として捉えるならば、

ア、地名の確定（要求第一項）

イ、その根拠としての地名起源・古老伝承の記録（要求第四項・第五

項）

という、地方行政単位である「国―郡―里」制の確立にその目的があったものと思われる。

古風土記にのみ登場する神（その二）
―『出雲国風土記』大穴持命―

大穴持命は、大穴牟遅《おほあなむぢ》神（記）・大己貴《おほあなむち》大神（紀）という名で記紀にも登場する。しかしながら、『出雲国風土記《いずものくにふどき》』が伝えるこの神は、記紀と本質的に異なっているといえる。というのも、『出雲国風土記』においてこの神は、

ア、天下造《あめのしたつく》らしし大神大穴持命《おほかみおほなもちのみこと》の御子《みこ》、山代日子命《やましろひこのみこと》坐す。故《かれ》、山代《やましろ》と云ふ。（意宇郡、山代郷）

出雲大社（島根県出雲市）

イ、天下造らしし大神の命、越《こし》の八《や》口《くち》を平《ことむ》けむとして幸《いでま》しし時に、此《こ》処の樹林《はやし》茂盛《さかり》なり。その時、詔《の》りたまひしく「吾が御《み》心《こころ》の波《は》夜《や》志《し》」と詔りたまひき。故、林《はやし》と云ふ。

（意宇郡、拝志《はやし》郷）

のように、「天下造らしし大神」と形容されているのである。しかも、イのように神名「大穴持」を省いてしまっている例すら存在する。このような省略は、不審に思われるかもしれないが、逆にこの神が「天下を造った」神であると広く認知されていたことを示すものと考えてよい。むしろそこから、出雲国におけるこの神の根強い信仰をみるべきだろう。

さて、この神は、

> 杵築郷《きづき》。郡家《こほりのみやけ》の西北二十八里《さと》六十歩《あし》なり。八束水臣津野命《やつかみづおみつののみこと》の国引《くにひ》き給《たま》ひし後《のち》に、天下造らしし大神の宮を奉《つか》へまつらむとして、諸《もろもろの》　の皇神《すめがみ》等《たち》、宮処《みやどころ》に参《まひ》り集《つど》ひて杵築《きづき》きたまひき。故、寸付《きづき》と云ふ。
>
> （出雲郡、杵築郷）

と記されているように、出雲郡杵築郷に鎮座している。ここに建てられた杵築大社は、言うまでもなく現在の出雲大社のことである。八束水臣津野命が国引きを終えた後、もろもろの皇神が集ってこの大社を造営したとすることも、記紀の国譲り神話とは大きく異なっている。そのような違いは随所に指摘できる。たとえば、先に挙げたイの伝承は、越の国を媒介として『古事記』の八千矛神《やちほこのかみ》求婚神話との関連を思い起こさせるが、ここでも越の国平定を伝える『出雲国風土記』と沼河比売《ぬなかはひめ》との歌謡の応酬を伝える『古事記』との径庭は大きい。記紀と『出雲国風土記』との、このような違いは古風土記の中でも際だっており、これは上代文学研究においても重要な課題である。

ところで、先に見たように、大穴持神が「天下造らしし」と形容されていることに関しては、すでに神野志隆光氏が、

つくった「国」を「天下」として位置づけることになるのであるから、オホナムヂは「天下」を造った（決して治めたとはしないことは注意されてよい）ということになる。そうしたいわば捉えなおしとしてありえた「天の下造らしし」というオホナムヂについての表現と見るべきだと考える。（吉川弘文館『古事記の世界観』）

と述べられていることに注意する必要がある。神野志氏が論じたように、『出雲国風土記』において「天下」は「クニ（国）」として理解されていたと

考えるべきであろう。このことに関して詳しく論ずるゆとりはないが、以下のことから、この「天下」を「クニ（国）」と捉える神野志説を支持する。

（1）『古事記』では「高天原」から降臨した「天神御子」が葦原中国を領有する。『古事記』における「あまぐだり（天下り）」と「あめのした（天の下）」は、「高天原」を根拠として成り立っている。

（2）『出雲風土記』では「高天原」に関する記述がみられない。

（3）したがって『出雲風土記』の降臨神話は「高天原」を存在根拠としていない。

これを、地誌編纂という視点で考えるならば、古風土記において、それぞれの地方は、まずなによりも「国（くに）」として把握されており、『出雲国風土記』のみならず他の古風土記でも存在根拠としての「天」は語られていない。それは具体的な形としては、領有の根拠となる一回限りの降臨が語られないことに示されている。そして、そのような「あまくだり（天下・天降）」が存在しないところには、当然のことながら「天」のもとに支配される領域、あるいは「天」と関わりあう世界という意味での「あめのした（天下）」は成り立たない。古風土記では、あたかも「天」を語らないことと裏返しのように、そこではおびただしい「国」の記事が出てくる。そして、そこに記された地方とは存在根拠としての天を持たない「国」であり、それが古風土記の基本的な世界観であると考えるべきだと思う。

古風土記にのみ登場する神（その三）

――『常陸国風土記』香島天の大神――

さて、その高天原からの降臨を伝える唯一の神話が『常陸国風土記』に残されている。

八百万《やほよろづ》の神たちを天《あま》の原《はら》に会集《つどへ》たまひし時に、諸《もろもろ》の祖《みおや》の神たち告《の》りて「今、我が御孫《みま》の命《みこと》の、光宅《しら》さむ豊葦原《とよあしはら》の水穂《みづほ》の国」と云ひたまふ。高天原《たかまのはら》より降《たかし》り来たりし大神、名は香島《かしま》の天《あめ》の大神と称《い》ふ。天《あめ》にてはすなはち日《ひ》の香島の宮と号《なづ》け、地《つち》にてはすなはち豊香島《とよかしま》の宮と号く。

（香島郡、総記）

香島天の大神は、『常陸国風土記』のみに登場するが、これによれば奈良時代において、邇邇芸命《ににぎのみこと》以外にも、高天原から降臨した神の伝承があったことが分かる。もちろん『日本書紀』によれば饒速日命《にぎはやひのみこと》が降臨した伝承も残されており、それ自体は特に問題ではない。しかし注意すべきは、この記事に続いて、崇神天皇の御世に至って、香島神宮に対して大規模な奉幣があったことが詳細に述べられていることである。つまり、これら一連の記事は、実は香島神宮鎮座の由来を語るものであり、記紀のように高天原を根拠として成り立つ地上世界の由来を述べたものではないのである。

鹿島神宮奥宮（茨城県鹿嶋市）

ところで、『常陸国風土記』香島郡記事の前半は、ほぼこの香島神宮関連記事のみによって成り立っている。ひとつの神社についてこれほど詳しく記すことは、同風土記の他郡のみならず、他の古風土記にもみられない特色である。『常陸国風土記』の、特に香島郡の編集に関しては、この神宮と関わりの深い氏族が何らかの関与をしていた可能性が存在する。そのような視点からみたとき、崇神天皇時代の奉幣記事の中で、大中臣神聞勝命《おおなかとみのかむききかつのみこと》が大きな役割を果たしていることは、注目してよいだろう。

まとめ

古風土記のみに登場する神は他にも多数存在する。たとえば、秋鹿日女《あいかひめの》命《みこと》（出雲）・青幡佐久佐丁壮命《あおはたのさくさひこのみこと》（出雲）・熊野加武呂命《くまのかむろのみこと》（出雲）・阿賀比古《あがひこ》（播磨）・石竜比古命《いはたつひこのみこと》（播磨）・左用都比売命《さよつひめのみこと》（播磨）・綺日女命《かむはたひめのみこと》（常陸）・夜刀神《やとのかみ》（常陸）・立速男命《たちはやおのみこと》（常陸）・天日別命《あめのひわけのみこと》（逸文伊勢）をはじめとして、記紀の世界とは異なる地方の神々の神話と伝承が古風土記には残されている。と同時に、最初にも述べたように、古風土記もまた律令制度の中で構想された地誌であり、その編纂に当たっては、和銅六年官命要求項目に示されたような、地方を統一的に把握しようとする行政上の要請が背後に存在することも忘れてはならない。

古風土記の記事は、基本的に郡・里を単位として構成されている。それはまさに、律令地方制度の枠組みである。したがって、古風土記のみに登場する神々も結局のところ、その枠組みの中に位置付けられたのだと言えるだろう。

執筆者略歴（五十音順）

飯泉健司（いいいづみ・けんじ）
東京都生まれ。埼玉大学准教授。共著書に『風土記を読む』（おうふう）、『風土記探訪事典』（東京堂出版）など。

稲田智宏（いなだ・ともひろ）
長崎県生まれ。神道思想研究家。著書に『読みくらべ日本の神話』（新人物往来社）、『三種の神器』（学研新書）など。

井上さやか（いのうえ・さやか）
宮崎県生まれ。奈良県立万葉文化館主任研究員。著書に『山部赤人と叙景』、共著書に『万葉集の今を考える』（ともに新典社）など。

猪股ときわ（いのまた・ときわ）
東京都生まれ。首都大学東京教授。著書に『歌の王と風流の宮』、『古代宮廷の知と遊戯』（ともに森話社）など。

岡部隆志（おかべ・たかし）
栃木県生まれ。共立女子短期大学教授。著書に『言葉の重力―短歌の言葉論』（洋々社）、『古代文学の表象と論理』（武蔵野書院）など。

勝俣　隆（かつまた・たかし）
神奈川県生まれ。長崎大学教授。著書に『星座で読み解く日本神話』（大修館書店）、『異郷訪問譚・来訪譚の研究　上代日本文学編』（和泉書院）など。

久保田裕道（くぼた・ひろみち）
千葉県生まれ。國學院大學兼任講師。著書に『神楽の芸能民俗的研究』（おうふう）、『「日本の神さま」おもしろ小事典』（ＰＨＰエディターズ・グループ）など。

小林真美（こばやし・まさみ）
山梨県生まれ。東京理科大学教授。著書に『『古事記』諸本における受容と展開の研究』（國學院大學大学院）、論文に「地に沈むオトタチバナヒメ銅像（「佐渡丸遭難記念碑」）と受容者・飯塚羚児―『東京消失』から、走水神社、旧海軍司令部壕へ―」（『國學院雑誌』一一二―一一）など。

斎藤英喜（さいとう・ひでき）
東京都生まれ。佛教大学教授。著書に『古事記不思議な一三〇〇年史』（新人物往来社）、『荒ぶるスサノヲ、七変化』（吉川弘文館）ほか。

坂本　勝（さかもと・まさる）
神奈川県生まれ。法政大学教授。著書に『古事記の読み方』（岩波新書）、『はじめての日本神話』（ちくまプリマー新書）など。

高橋輝雄（たかはし・てるお）
兵庫県生まれ。古代史研究家。著書に『縄文と弥生をつなぐ神の発見』（大和書房）、『反復する中世』（梟社）など。

多田　元（ただ・げん）
新潟県生まれ。國學院大學兼任講師。著書に『古代文芸の基層と諸相』（おうふう）、共編著に『古事記研究大系』（高科書店）など。

田中智樹（たなか・もとき）
静岡県生まれ。鹿児島工業高等専門学校准教授。論文に「『安康記』目弱王反乱物語について―『邪心』の解釈を中心に―」（菅野雅雄先生喜寿記念『記紀・風土記論究』所収）、「『仁徳記』丸邇臣口子の機能―『服著紅紐青摺衣』『青皆変紅色』の解釈を中心に―」（『朱』第五三号所収）など。

土屋　久（つちや・ひさし）
神奈川県生まれ。共立女子大学・順天堂大学非常勤講師。共著書に『生活文化論ノート』（高志書院）。

奈良泰秀（なら・たいしゅう）
東京都生まれ。神職、NPO法人「にっぽん文明研究所」代表。著書に『陽の国の神道』（三五館）など。

橋本雅之（はしもと・まさゆき）
大阪府生まれ。皇學館大学教授。著書に『古風土記の研究』（和泉書院）、共著書に『日本人の〈原罪〉』（講談社）など。

古橋信孝（ふるはし・のぶよし）
東京都生まれ。日本文学研究者。著書に『日本文学の流れ』（岩波書店）、『誤読された万葉集』（新潮社）など。

保坂達雄（ほさか・たつお）
山梨県生まれ。東京都市大学教授。著書に『神と巫女の古代伝承論』（岩田書院）、論文に「『佐銘川大ぬし由来記』の伝承世界」（『日本口承文芸研究』第三六号）など。

本書は、『歴史読本』特集「古事記　日本書紀　謎の神々」（二〇一一年十一月号）を再編集したものです。

新人物文庫

古事記 日本書紀に出てくる謎の神々

2012年7月14日　第1刷発行

編　者　『歴史読本』編集部

発行者　飯田日出男

発行所　株式会社　新人物往来社

〒102-0083

東京都千代田区麹町 3-2　相互麹町第一ビル

電話　営業　03(3221)6031　　振替　00130-4-718083

編集　03(3221)6032

URL　http://www.jinbutsu.jp

ISBN 978-4-404-04219-4 C0121

DTP／マッドハウス　印刷・製本／中央精版印刷　Printed in Japan